श्रेष्ठ भारतीय साहित्य

भारतीय ज्ञानपीठ

जीवन चक्र

(लम्बी कविता)

जीवन चक्र

डॉ. जुगल किशोर सर्राफ

भारतीय ज्ञानपीठ

लोकोदय ग्रन्थमाला : ग्रन्थांक 1377

ISBN 978-93-87919-32-7

जीवन चक्र

(लम्बी कविता)

डॉ. जुगल किशोर सर्राफ

प्रकाशक : **भारतीय ज्ञानपीठ**

18, इन्स्टीट्यूशनल एरिया, लोदी रोड, नयी दिल्ली-110 003

मुद्रक : आर.के. ऑफसेट, दिल्ली-32

आवरण : महेश्वर

JEEVAN CHAKRA
(Long Poetry)
By Dr. Jugal Kishor Saraff

Published by
Bharatiya Jnanpith
18, Institutional Area, Lodi Road, New Delhi-110 003
Ph. : 011-24698417, 24626467; 23241619 (Daryaganj)
Mob. : 9350536020; e-mail : bjnanpith@gmail.com
sales@jnanpith.net; website : www.jnanpith.net

First Edition : 2019
Price : Rs. 350

जग–मग में पग–पग की सहयात्री
जीवनसंगिनी–सहधर्मिणी

कान्ता सर्राफ

को समर्पित
जिनकी स्मृति हमें सदैव सत्कर्म और
सद्‌जीवन की प्रेरणा देती रहेगी।

—डॉ. जे.के. सर्राफ

शुभकामनाएँ

'जीवन चक्र' आदरणीय डॉ. जे.के. सर्राफ जी की कविताएँ पढ़कर मुझे ऐसा लगा जैसे इन्होंने अपनी कविताओं के माध्यम से अपना जीवन ही खोलकर रख दिया हो। इनकी कविताओं में जीवन में अचानक चली आई रिक्तता से बाहर निकलने की तड़प दिखती है जिसको शब्दों के माध्यम से डॉ. सर्राफ ने बयाँ किया है। डॉ. सर्राफ की कविताएँ न केवल सहज-सरल हैं बल्कि ये कविताएँ एक साधारण मनुष्य की मनोभावनाओं की असाधारण प्रस्तुति हैं।

इस संकलन की कविताओं को पढ़कर व्यक्ति अपनी एक अलग ही दुनिया में विचरण करने लगता है, और जीवन के विषाद, निराशा और असफलता से निकलकर एक सकारात्मक दिशा की ओर बढ़ने की प्रेरणा लेता है।

मैं आशा करता हूँ कि पाठक इन कविताओं से अपना एक अटूट रिश्ता बनाएँगे। सच्चे पाठक ही इस संग्रह की मूल शक्ति साबित होंगे।

शुभकामनाओं सहित—

महेश्वर

जीवन-चक्र

प्रकृति द्वारा आरम्भ
नहीं हुई सृष्टि
हुई ईश्वर द्वारा
और समान अभिन्न
किया दृष्टा और सृष्टि को
परन्तु समय के काल चक्र ने
किया विभक्त चेतना और पुरुष को
तथा दृश्य याने वस्तु और प्रकृति को
फिर परम स्त्रष्टा की नाभि से
प्रगट होना कमल का
और जन्म लेना उससे ब्रह्मा का
ही तो सृष्टि की रचना का श्रीगणेश है
मानो इस परम सत्य को
ब्रह्मांड है जो भी
वह तो केवल फल है
प्रकृति एवं परमेश्वर का
आज अन्धकारवश मानव का
कहना विकास हुआ भौतिक तत्त्व से
यह है निरा अज्ञान और मिथ्या अहंकार
मानो आधुनिक समाज में
विज्ञान है नितान्त काल्पनिक
और निरन्तर परिवर्तनशील

देखो वास्तविकता एवं विवेक से
नहीं पावोगे अन्तर दृष्टि और वास्तविकता में
जीव प्रकृति को भोगने की चाह बिना रहा नहीं

हम बदल गये हैं
समय नहीं बदला
वह भी समय था
जब भारत कहलाता था
चिड़िया सोने की
मिल जुल गाते थे गीत
सुख-दुख में पूरा गाँव
खड़ा रहता था देने साथ
हम बदल गये हैं
समय नहीं बदला
आज परोसी एक घर के
मना करते पहचानने को
उनको सरोकार नहीं होता
पड़ोसी के सुख-दुख का
विडम्बना है कुत्सित विद्या की
विपरीत है भारतीय संस्कृति से
हम बदल गये हैं
समय नहीं बदला
आज झूठ और फरेब है भरपूर
मार कर भी धोते नहीं हाथ
जिस देश में हुए राम और कृष्ण
दी सभ्यता सर्वोच्च आदर्श की
प्रार्थना की धरती से होने नरम
भाई आएगा न चुभे काँटे
और लग गया भोगने प्रकृति के स्वरूप को
इस तरह भौतिक प्रकृति अपने

द्वारा व्यक्त कर पदार्थ
हम बदल गये हैं
समय नहीं बदला
अहम को झुकाना नहीं
अपनापन तो है ही नहीं
कदम, कसम और कलम
उठाते हैं समझे बगैर
हम बदल गये हैं
समय नहीं बदला
सुन्दर नाटिया विकट रही है
अपनी इच्छाओं के लिए
शारीरिक चाह दबी हुई है
धन की लालसा ही प्रबल है
हम बदल गये हैं
समय नहीं बदला
दोस्ती और दुश्मनी भी बिकाऊ है
प्रेम और शादियाँ भी बिकाऊ हैं
दलाल भाव तय करते हैं
खरीदने वाले रुपयों से खरीदते हैं।
हम बदल गये हैं
समय नहीं बदला
स्थायी नहीं है दोस्ती एवं दुश्मनी
कीमत होती है जो तय करती है
सीमा, समय, काल और अवधि
क्योंकि आज हर चीज की कीमत जो है
हम बदल गये हैं
समय नहीं बदला।

चेतना जीव को देती है भोगने के लिए
सामान्य वाणी तथा मन के लिए
जब हो गये दुर्गम

तो किया विभक्त सत्य ने
भौतिक प्रकृति और जीव को
फिर लग जाती है होड़
जन्म पालन तशा संसार में
लोग खेतों को करना चाहते नष्ट
पर वे बार-बार उग जन कल्याण करते हैं।

आज लोग साथ नहीं देते हैं
पर सब भाव, समझदारी साथ देते हैं
प्रेम से भरी आँखें, श्रद्धा से झुका सर
सहयोग करते हाथ, सन्मार्ग पर चलते पाँव
सत्य से जुड़ी जीभ भी हमेशा साथ देती है।

उम्र साठ साल की हो गयी
परिवार बहुओं से भर गया
बोलना गुनाह हो गया
बगान में सलाह ली दोस्तों से
पाया जीने का सफल ज्ञान
मुँह पर लगा लिया ताला
वे जो देती खा लेता हँसकर
जीना हो गया आसान
और बच गया जाने वृद्धाश्रम।

गलती करना तो मानव देह का स्वभाव है
पर उसे स्वीकार नहीं करना कुभाव होता है।
जग हँसाई और मौत से बच जाता रावण
अगर वह स्वीकार कर लेता भूल को
लो भूल को एक अनुभव और सबक
स्वर्णिम भविष्य आएगा सम्मुख तुम्हारे
सूर्य भी निकलता धीरे से और उठता ऊपर
धैर्य और तपस्या उदय प्रकाशित करता है
वेद पढ़कर भी आदमी ज्ञानी नहीं बनता

जीवन की सफलता किसी की वेदना पढ़ने में है।
विष्णु का प्रविष्ट होना
तैरते अंडे में
और निकलना विश्व कमल
स्वरूप में ही तो
ब्रह्मा का जन्म स्थल है
एवं आरम्भ सृष्टि की रचना का
यही तो उपस्थिति है
कार्य में आदि कारण की।

मनुष्य उतर जाता है दिल में
या वह उतर जाता है दिल से
मनुष्य एक प्राणी ऐसा है
जिसके शब्दों में जहर होता है
मीठे को बदलना जहर में
क्षमता केवल है उसके बोल में
कैसी विडम्बना है इस संसार में
जादूगर भी नहीं दिखा पाता है।

लोग अकसर कहते हैं
वे सम्मान के भूखे हैं
मित्रता एवं रिश्तेदारी तो
भाव पर ही पनपती है।
अन्दरूनी एहसास
और आत्मीय अनुभूति
नाम है असली रिश्तों का
आज है केवल दिखावा
रिश्ते बनते नहीं खून से
परिवार और मित्रता से भी नहीं
बनते हैं आत्मीय एहसास से
आज एहसास तो है ही नहीं
खोजा मैंने कण-कण में

अपनापन कहीं नजर आया नहीं।
सच्चाई है पर आज भाती नहीं है
होती है परख पुत्र की शादी के बाद
पुत्री की परख जवान होने पर
पति की परख पत्नी के बीमार होने पर
पत्नी की परख पति के गरीब होने पर
मित्रों की परख मुसीबत में
भाई की परख लड़ाई में
बहन की परख जायदाद में
और सन्तान की परख बुढ़ापे में
पर इन परीक्षाओं में उत्तीर्ण तो कम ही होते हैं।

असमान होती हैं,
अँगुलियाँ आदमी की,
पर जब वे मुड़ती हैं,
दिखती समान हैं।
परिस्थिति से लड़ो नहीं,
उनके आगे झुकना सीखो,
जिन्दगी में अनुभव करोगे,
सुख और आनन्द,
इच्छाओं के जब हो वशीभूत।
जानो अन्तहीन है इनका बिछौना,
मानो तुम सफल होवोगे नहीं,
मुश्किल है मापना भी इनके छोर को।
संघर्ष की जिन्दगी में,
सफलता पर सब साथ होते हैं।
जीभ की कोमलता देखो
दाँतों की कठोरता देखो
जीवन में इनका वर्चस्व देखो
जीभ रहती है पर ये चले जाते हैं
छोटे रहने पर माँ गोद में रखती है
भारी होने पर वह भी उतार देती है

राज है सफलता का
सरल, सत्य और हल्का रहना
जीवन का आनन्द लड़ाई में नहीं
बल्कि उससे बचने में है
अभिमान और अहंकार
मनुष्य को कब चढ़ाता है शिखर पर?

एक माँ के दो अपने बेटों में
हो रहा था घमासान युद्ध
विदित है अर्जुन के साथ हनुमान थे
श्रीकृष्ण थे एवं शिव भी थे
कर्ण के बाणों से रथ अर्जुन का
फिर भी खिसकता था पीछे भी
श्रीकृष्ण वाह-वाही करते कर्ण की
धोखे से मारा अर्जुन ने अपने भाई को
युद्ध समाप्ति पर कृष्ण उतरे रथ से
और रथ भस्म हो गया क्षण भर में
सच में तो रथ को पहले ही भस्म कर दिया था कर्ण ने
देख यह घमंड अर्जुन का भी शेष हो गया
कर्म तो सब करते हैं, पर आशीष बिना
कर्म असफल होते हैं सफल नहीं
परिस्थिति के वश में हो पर कमजोर मत आँको
बुरा समय चिरस्थायी होता नहीं है।

आज आदमी के वश में नहीं है—
प्रार्थना के समय दिल्लगी, खाते समय पेट
किसी के घर जाने पर आँखें, महफिल में जबान
दूसरे का धन देख लालच, भूलना दूसरे की गलती को
कड़वे संस्मरण अतीत के, नीचा दिखाना दूसरे को
जलना देख सफल दूसरे को, चुगली करना दूसरे की।

हर दिन ही नया वर्ष है।

नये साल में नयापन क्या है?
चाँद तारे और रोशनी सूर्य की
जो कल थी वही तो आज है।
पर बदली है मनुष्य की सोच
संस्कारों का तो अकाल पड़ा है।
मिटता जा रहा है फर्क जानवर और मनुष्य में
वैदिक ग्रन्थ तो हो गये हैं सजावट की वस्तु
अगर नया वर्ष है तो तू दिखा
करिश्मा शाम न हो और दिन नया
न जीवन की क्रिया न क्रम बदलेंगे
न आनन्द न सुख चैन बदलेंगे
न भक्त, न भक्ति, न भगवान बदलेंगे
न बुद्धि और न उपदेश बदलेंगे
पर हाँ बदलते हैं रिश्ते और हालात
स्वार्थ की पराकाष्ठा और कलुषित भाव
अपनों को पराया और परायों को अपना
मानना ही आज नववर्ष की पहचान है
आज लोग झुकते हैं केवल सामान उठाने
आशीर्वाद लेना तो झूठी प्रथा है पुरानी
नवयुवकों की दौलत भी आशीष होती है
यही है जो पानी में गलती नहीं, अग्नि में जलती नहीं
दूसरों के लिए अफसोस भी करते हैं
यह सोचते नहीं, वे हुए हैं कब किसी के
रात को जश्न मनाते हैं सुबह होने तक
पर सुप्रभात तो नहीं, सुप्रभात नहीं।

हिन्दू धर्म जीभ का नहीं
विषय है जीवन का
सुनने का नहीं, विषय है बुनने का
कहने का नहीं करने का है विषय
मन्दिर में जाना कोई माँगना नहीं है
पर जीवन का मन्दिर होना माँग है

कर्मकांड के दायरे तक भी सीमित नहीं है
परन्तु ईश्वर तक पहुँचने का मार्ग जरूर है
जीने की शैली है धर्म, और सिखाता है
प्रत्येक क्षण त्याग, समर्पण और करुणा
शत्रु के प्रति भी दया भाव सिखाता है,
सब के सामने झुकना भी है सन्देश
देव मन्दिर में नहीं,
बसता है मन मन्दिर में।

आदमी खोजता है
साथ अपनो का
जब बीमार होता है
और तभी घर वाले
कामना करते उसके जीने की
कैसी विडम्बना है इस युग की
पराए ही केवल शुभेच्छा चाहते हैं।
एक शुभचिन्तक एक दवा का काम करता है
और अधिक होना तो पूरा औषधालय ही है।

अकेलापन सजा है सबसे बड़ी
पर एकान्त तो वरदान है
दोनों शब्दों का अर्थ एक है
एक रुलाता है दूसरा सिखाता है
अकेलेपन में घबराहट है
घबराहट है, भय एवं डर भी है
पर एकान्त में तो आराम है
शान्ति है और सोच का समय है
जीवन तो है एक यात्रा जीने की
अकेलेपन से एकान्त की ओर
इस यात्रा में रास्ता, राही और ठिकाना हम ही हैं
सन्तोषी रहना मानव जीवन है
आवश्यकता तो द्रौपदी का चीर है,

पैदा होते मन में गलत सोच और अन्दाज
हर रिश्ता हो जाता है कलंकित एवं दागी
आज लोग घरों में हर सुविधा देते हैं
पर संस्कार देने का वक्त नहीं है पास उनके
तभी तो वे रोते और बिलखते हैं जीवन भर
और जाते हैं वृद्धाश्रम जरूरत के दिनों में
आरती के वक्त बजाना ताली बचाता है बीमारी से
व्रत उपवास से मनुष्य का तेज विकसित होता है
रामायण, गीता पढ़ने सुनने से कष्ट मिटते हैं
यदि यही संस्कार दे तो अपनी औलाद को
निश्चय मानो जिन्दगी कटेगी हँसकर।

सुख एवं दुख नियति और प्रारब्ध नहीं है
पर है मन की स्थिति जो आदमी खुद पैदा करता है।

अन्धे को देख मन्दिर में
हँस रहे लोग
अन्धे ने उन्हें कहा
मैं नहीं, भगवान मुझे देख रहा है
और देख रहा है मेरी वेदना
उपचार करने के लिए।

मनुष्य की अनुपम कीर्ति है विद्या
आश्रय देती है भाग्य के रूठ जाने पर
कामधेनु है विरह में है रति समान
तीसरा नेत्र है, संस्कार का मन्दिर है
कुल की महिमा है, और आभूषण बिना रत्न का
जीवन की सच्ची प्रार्थना है
खोना क्रोध, नहीं जलन प्रतिस्पर्धी से
नहीं खुजलाहट, नहीं दिमागी दौरा और नहीं असुरक्षा।

जो बीत गया

मत सोचो उसके बारे में
भविष्य के सपने सपने हैं
आशा मत रखो इन पर
आज जो कर रहे हो
पर सत्य है वह ही।

किसी दूसरे की गलती की सजा देना
स्वयं को ही तो क्रोध है।
दोस्त और प्यार की परिभाषा जो
प्यार सोना है, वह टूट कर फिर बनता है
दोस्ती तो हीरा है, इसे तोड़ो नहीं
यह टूटने पर बँट जाता है टुकड़ों में
दोस्त होता है सदैव साँसों में, जिगर में,
दिल की धड़कन में, तन में, और मन में
प्यार नहीं है, केवल मतलब
मतलबी प्यार सफल नहीं होता है।

भगवान का धर्म है देखना
मनुष्य को कर्म करते हुए
लोग भूल जाते हैं ईश देख रहा है
पाते फल जन्म में लिखे कर्मों से
कोई नहीं जानता मरने के बाद
मनुष्य तो यह है जीते जी
किसी के दिल में स्वर्ग बन छा जाए
जो अपने ही लिए जीता है
उसे तो मरा हुआ ही समझो
पर जो जीता है दूसरों के लिए उसका
स्मरण तो युगों-युगों तक होता है।
दर्द विवश करता है याद करना अपनों का
धन की बदनसीबी है पराया करता अपनों को।

हाथ जोड़ होना खड़ा मन्दिर में
प्रार्थना तो नहीं है
अच्छी सोच और भला औरों का
सोचना और करना है प्रार्थना
मित्र को बाँधो प्यार के बन्धन में
सच्ची प्रार्थना है भगवान की
घर से विदा के वक्र का तिलक
और सँभल के जाने की सलाह
मानो सच्ची प्रार्थना है ईश से
जरूरत में किसी की सहायता
दिल से किसी को करना क्षमा
सच्चे मन की चाह और झंकार है
इच्छा, चाह और प्यार की आवाज
सच्ची मित्रता एवं आत्मिक सम्बन्ध होते हैं
शान्त एवं सच्चे मन से देना आशीर्वाद
सही प्रार्थना है मन और आत्मा की
जो आज खोजने पर मिलती नहीं है।

प्राकृतिक नियम है
खाना-पीना समयानुसार
फिर समय से निकलना बाहर
पहचान है स्वस्थ जीवन की
मानसिक रोग से बचने के लिए
घृणा, क्रोध एवं ईर्ष्या सच्चों को नहीं
अच्छे लोगों की कठिन परीक्षा होती है
पर भगवान हमेशा रहते संग उनके
आज वो बुरों को बहुत कुछ दे रहे हैं
पर उनके साथ ईश तो एकदम नहीं है
भाग्य में लिखा, पूर्व कर्म का फल पाता ही है
आज जो लोग हवा भी बेचते हैं
झूठ बिकता है, सच बिकता है, बिकती हर कहानी
और बिकता दुनिया के तीन भागों का समाया पानी

जीवों पत्थर की तरह
दिन एक आएगा तराशे जावोगे
बनोगे भगवान पूजे जावोगे
सफल जीवन के लिए चाहिए
सच्चे मित्र, सही प्रेम और परिवार
आज तो हैं ईर्ष्या, संघर्ष, दुख और अशान्ति
प्रेम तो क्रय-विक्रय की वस्तु रह गया है
सच्चा प्रेम तो रह गया है केवल पशु-पक्षी में
लोग देखते हैं आँखों से उनको हो आनन्द विभोर
फिर भी सीखते नहीं उनसे प्यार का बन्धन
क्योंकि उनकी नजर में तो प्यार क्रय की वस्तु है।

सूर्य उदय और सूर्य अस्त को देख
बाध्य है मनुष्य मानने स्थायी कुछ भी नहीं
ऐश्वर्य और झूठ के पाँव कब हुए हैं
सादगी और सच्चाई तो अन्धेरे में भी दिखती है।

मौन रहना शब्दकोश का सर्वश्रेष्ठ शब्द है
हजारों रंगों में सफेद ही सर्वश्रेष्ठ है
हजारों पकवान बने देखकर भी
उपवास शरीर को रखता निरोग
सलाह देने वाले तो मिलते अनेक
पर बेहतर है सुनना आवाज आत्मा की,
मनुष्य पाता है अनेक प्रलोभन जीवन में
मगर सिद्धान्तों पर जीना ही रखता सुखी जीवन
मनुष्य का अहंकार सम्बन्धों को तोड़ देता है
बढ़ा पेट शरीर को चाहकर भी नहीं बचा पाता
कष्टों से घबराना नहीं ही मन को निखार देता है।

मित्रता एक किताब होती है
पढ़ते रहो और लिखते भी रहो
और पाते रहो सकून जिन्दगी भर

कुछ क्षण ही लगते हैं जलाने में।
ईश जब मिटाते कष्ट
गुणगान करते लोग क्षमता पर
जब मिटाते नहीं कष्ट मानो
विश्वास है उनको तुम्हारी क्षमता पर
चिन्ता करने से कष्टों का नहीं होता निदान
चिन्ता तो हर लेती है शक्ति और विश्वास
बीते कल को खरीदतने की क्षमता होती नहीं
अगर करते काम नेक आज को पावोगे खरीद।

आज बड़ों की अपेक्षा नित्य कर्म है।
मानो बड़ों का आशीर्वाद कवच है
भेद नहीं सकता अस्त्र-शस्त्र
क्योंकि प्रणाम प्रेम है, अनुशासन है
शीतलता है, सिखाता आदर है,
आते हैं सुविचार, सिखाता है झुकना
मिटाता है क्रोध, धो देता है आँसू
अहंकार भी मिटाता है यह है हमारी संस्कृति
अगर पूरी आस्था से लोग जाएँ मन्दिर
तो मूर्ति पत्थर की भी दिखाती भगवान को।

आदमी भगवान की सर्वश्रेष्ठ रचना है
वह अपना खाना दे देता भाई बहिन को
माता-पिता की सेवा में अर्पण करता स्वयं को
अपनी औरत की खुशी के लिए त्यागता सर्वस्व
देखना उसकी हँसी और बच्चों की ध्येय केवल
संघर्ष कर भी खुश नहीं कर पाता अपनों को
परिवार की खुशी के लिए संघर्ष करता अन्त तक
और सुनाता रतम् पत्नी का अथवा बच्चा माँ का
कितना ही पानी डालो गिलास में तैरती बूँद तेल की
थकती नहीं और सच्चाई तो निडर होती ही है
शिक्षित बदलता अपने को स्थिति के अनुसार

पर कार्य में पक्ष स्थिति बदलता अपने अनुसार
दिमाग चुम्बक है पाते हो जो सोच है तुम्हारी
शुभ कर्म करो अपने को पावोगे हँसता सदा।

आदमी असम्भव को बनाता है सम्भव
पर आदमी हार जाता है सम्मुख औरत के
सीता ने चाहा हिरन सोने का
लंका सोने की थी पर चाहा राम को
प्रभु राम भी जो नहीं कर सके काम
मनुष्य लगा है खोजने राज सफलता का
बिना हक का लेने से महाभारत होती है
अपने हक का छोड़ देना ही रामायण है
रावण महा विद्वान था, हनुमान विद्यावान थे
रावण के अभिमान ने हरण किया सीता का
और हनुमान ने सीता को मिलाया राम से
भरे पानी के बादल को नीचे आना ही है
हनुमान का अस्त्र तो विनम्रता ही था
मेहमान कोई नहीं होता, होता है केवल धन और यौवन
सहनशील भी दो ही हैं धरती और पेड़
शिक्षा से आता है ज्ञान, अहंकार नहीं
व्यर्थ मत खोओ अन्न के कण को, आनन्द के क्षण को।

मनुष्य जब गिरता है
अपने और गिराते ही हैं
दिखाती केवल पत्नी
ऊपर उठना और पाना शिखर
जिन्दा रहता केवल प्यार पत्नी का
और लोगों का घमंड चूर होता है
जिन्दगी में सब कुछ होना कष्ट है
न होकर भी सुखमय जीवन, ही तो जीवन है।

मित्रता एवं रिश्तेदारी सम्मान की नहीं

भूखी होती है भाव की
मस्तिष्क से नहीं लगाव
आत्मा से होना चाहिए
आज लोग दूसरों का मूल्यांकन
करने में व्यस्त रहते हैं
उनके पास वक्त नहीं है
मूल्यांकन करने अपने आप का
शरीर का अलग होना आत्मा से
सच्चा मोक्ष या मुक्ति नहीं है
इच्छाओं का दमन कर पाना
वास्तविक मोक्ष एवं मुक्ति है
मकड़ी अपने बनाए जाले में फँसती नहीं
बुद्धिमान मनुष्य पर विचारों में फँसा रहता है।

प्रार्थना करते वक्त भगवान सुनता है
पुण्य करते वक्त ईश देखता है
दान देने वक्त लेने वाले में ईश देखता है
प्रेम करते वक्त भी देखता भगवान है
पर निन्दा करते वक्त वह देखता नहीं
पाप करते वक्त कुछ याद नहीं रहता
चोरी करते वक्त केवल ध्येय याद है
नफरत करते वक्त रिश्ते भूल जाता है
मनुष्य को कहना बुद्धिमान असोच है
आदमी सब जानता है पर करता तो नहीं।

आपको आपसे ज्यादा
करने वाला प्यार
ईश ने पैदा नहीं किया
फिर भी लोग आशान्वित रहते हैं
स्वास्थ्य को उपहार मानो
धन बड़ा है सन्तोष
और विश्वास ही सम्बन्ध

सत्य है जो छिपता नहीं
मन को बाँधकर रखो
उसे उच्छृंखल मत होने दो
आत्मज्ञान मिलना ही है
गर्म कोयले को फैंकना दूसरों पर
अथवा क्रोध करना अपनों पर
दंड आपको ही देगा आपका क्रोध
निष्क्रिय होना ही तो रास्ता है मृत्यु का
जीवित को कर्म करना ही जीवन है।

सुख और दुख की नर्तक है आत्मा
आदमी नाचता है अपने कर्मों के अनुसार
फूल तो जंगल में भी खिलते हैं देखने वाले नहीं
ईमानदारी से कर्म करते रहो चाहे कोई चाहे नहीं
मुँह में दाँत जीभ को प्राय काट देते हैं
पर दोनों का साथ तो चिर स्थायी है
मनुष्य की दोनों आँख देखती साथ हैं
रोती भी साथ हैं, सीखो क्षमा करना एवं साथ रहना।

मनुष्य शरीर में तीन भाग पानी है
चोट लगने पर पानी नहीं खून निकलता है
और हृदय पर चोट लगने पर
खून नहीं आँखों से पानी निकलता है
मनुष्य की इच्छाएँ कमजोर हो जातीं
जब वह जरूरत से ज्यादा सोता है
सूरज को जगाने वाले बढ़ते हैं आगे
वे रह जाते पीछे जिन्हें सूरज जगाता है
मनुष्य का मस्तिष्क काम करता थकता नहीं
वही थककर निढाल हो जाता बन्धन के बाद
रंग सफेद है दूध का, दही का और मक्खन का
दुख-सुख के लिए अपना रंग मत बदलो
समुद्र में जहाज डूबता है पानी भरने पर

गिरने से बचोगे नकारात्मक विचार नहीं आने पर।
जीवन की परिभाषा
खोये की उम्मीद क्यों
जब सामने अनचाहा ही है
सुख की चाहत तो दुख का बुलावा है
चाह का त्यागी ही असली राजा है
क्योंकि मन तो उसका बेपरवाह है
संसार की भीड़ का हिस्सा बनना क्यों
परिस्थिति और अभावों का होना क्यों
तुम इनसान हो विवेक युक्त भी हो
रहो प्रसन्न और करो कुछ नया।

आज परायों को अपना बनाना है
पर मुश्किल है अपनों को अपना रखना
उम्र, वजन की संख्या है फालतू
चिर युवा रहने के लिए मित्रता रखिए हँसी से
अकेले हो तो साथ तो होंगे ही आँसू
सच तो यही है केवल स्वयं ही सच्चा साथी है
माप जीवन की उन साँसों से होती नहीं
होती है उन लम्हों से जो चले जाते हैं
जीवन में इतिहास बहुत कम लोग बनाते हैं
घबराते कब हैं वे आलोचना करने वालों से
सत्य का भूखा तो हर आदमी होता है
पर कितने लोग हैं जिन्हें स्वाद भाता है
आनन्द एक आभास है फिर भी ढूँढ़ रहे हो
दुख तो अनुभव है और पास है सबके
अगर सफल होना है तो रखो विश्वास अपनों पर
पर आज रखा विश्वास धोखा पाना है।

अनुभव जीवन में जिन्दगी है संघर्ष
बचेगा कैसे जब क्रिया संघर्ष ईश ने भी
तभी तो हम पूजते हैं शिव, राम और कृष्ण को

कोई नहीं पूजता राहु, केतू, रावण और कंस को
संघर्ष करो मानवता एवं प्रेम के लिए
तुम भी साधारण नहीं रहोगे तो पूजे जावोगे
जीवन के संघर्ष में खाता नहीं होता दुख-सुख का
जोड़ कितना भी हो कर्मों का हिसाब लगता नहीं।

अगर देखते चाँद को हो
तो ईश द्वारा बनाई देखते हो सुन्दरता
अगर देखते सूरज को
तो ईश द्वारा बनाई देखते शक्ति को
अगर देखते शीशे में स्वयं को
तो ईश की बनाई सर्वश्रेष्ठ कृति देखते हो
मानो यात्री अपने को, और ईश को
यात्रा एवं समय सीमा निर्धारित करने वाला
तुम बीज और पौधे लगाओ छोड़ो ईश पर
फल कैसे होंगे खेत कटेंगे पैदा कितना
जरूरत से होना ज्यादा जहर होता है
चाहे वह शक्ति हो, धन हो, प्यार हो या हो घृणा
दूसरे की सफलता पर जलना, जलना है स्वयं पर
सफलता से लो उत्साह और सफल होने की सीख
घृणा की दृष्टि से देखना दूसरों को देता डाह
चाहो उसे जो है जैसा सच्चे प्रेम की पहचान है
असफल होने पर दुखी होने के बजाय
सुनिश्चित करो सुखी होना है अगले कदम पर
खाना खाते वक्त समझो उसे औषधि
वरना तो जिन्दा रहोगे औषधि पर जीवन भर
जब आदमी पैदा होता है तो पाता है प्यार
मरने पर तो दुश्मन भी करते हैं प्यार
बीच का वक्त है जिसका जिम्मा है तुम पर
जीओ जीवन घृणित या पावो कीर्तिवान प्यार

सम्बन्धों को जीवन भर बना के रखो
वरना वक्त पर भूलेंगे लोग और पावोगे दर्द।

दुनिया में मिलेंगे बहुत
सुन्दरता दुनिया की बखानते
बहुत कम मिलेंगे तुमको बताने
अद्भुत काम तुमने किया
विश्वास करने के पहले
जाँच लेना उत्तम होता है
मित्र उसे मत बनाओ जो तुमसे ऊँचा है
मित्र बनाओ उसे जो खड़ा है तुम्हारी चाह पर
शब्द कितने ही महान तुम बोलो
पर जो चाहते लोग हैं मधुर होते वही
धन से ही धनवान होते नहीं हैं
वचनों को निभाने वाले ही धनवान होते हैं
सबसे धनवान तो बुद्धि होती है
सहिष्णुता सबसे बड़ा अस्त्र होता है
ईश्वर में विश्वास ही रक्षक होता है
हँसना तो समस्त औषधि का गुरु होता है
हमेशा सही करना सम्भव नहीं होता
विवेक से काम करना समस्या का निदान होता है
हमारी समस्त चाह/इच्छाएँ कभी पूरी नहीं होतीं
समय आने पर भी कर्म में लिखा ही मिलता है।

आजकल लोग करते हैं प्रार्थना
जब वे होते हैं कष्ट में
न वे पूजा करते हैं, न भले काम
सोचते हैं जब चाहेंगे ईश मिटायेगा भूल।

मनुष्य की भावना से खेलना
स्थायी जीत तो होती नहीं

और निश्चय तो यह है
गँवा देते हो सदा के लिए।
आज पूरी दुनिया में, अशान्ति और विद्वेष है
बुरे और भटकों के कारण ही नहीं
पर भलों की चाह शान्ति के कारण भी।

आज मैं उनका अपनों का आभारी हूँ
जिन्होंने मेरी शक्ति को उजागर किया।

मेरा मानना मित्र एवं करना विश्वास
मेरी कमजोरी नहीं इसी ने मुझे सिखाया है।

सम्भावनाएँ तो सूर्य उदय है जीवन में
उन्हें गँवाना तो सूर्य का अस्त होना है।

जब मनुष्य रोशनी में चलता है
उसकी परछाईं भी पीछा करती है
रात के अँधेरे में चलने पर तो
निज की परछाईं भी साथ छोड़ देती है।

जीवन रूपी वृक्ष में संस्कार और आचरण ही फल है
वृक्ष की खाद संस्कार है और मधुरतम फल आचरण।

सिक्के हमेशा आवाज करते हैं
पर गड्डी नोटों की शान्त रहती है
समाज में पहचान बनने पर
कीमत अपने आप बढ़ती है।

जीवन में कर्म की मार भयंकर होती है
संचित पुण्य भी शेष दृष्टिगोचर होते हैं
राजा और नवाब भी माँगते हैं भीख
सत्कर्म और पुण्योपार्जन करना ही जीवन है।

जीने की हैं दो शैलियाँ
उपयोगी या उपभोगी
उपयोगी जो वह वृक्ष होता है
जो फल, खुशबू एवं सौन्दर्य देता है
फल टूटते पत्थर की चोट से गैरों के लिए
रिक्तता का एहसास कराता अनुपस्थिति में
भोगी का जीवन तो पशु का भान कराता है
उनके जीवन की सीमा है विलास
सर्वश्रेष्ठ जीवन मानव का पाये हो
आवश्यक है उपयोगी बनो भोगी नहीं।

मनुष्य जीवन है उतार–चढ़ाव
समय और कर्म अक्षम बनाता मनुष्य को
और भेजता ईश अपनत्व का जामा देकर
उसे मित्र के रूप में ईश ही कहना सही है।

संसार में केवल एक रिश्ता है पत्नी का
जो बेशकीमती है हकदार है साझे का
एक और एक दो नहीं जरूरत पर ग्यारह होते हैं
समस का हल जल्दी नहीं रास्ता तो निकलता ही है
मन की व्यथा का बँटवारा होने पर
मन के बोझ का आधा होना सत्य है।

मनुष्य जीवन में सुख की इच्छा स्वाभाविक है
उत्पन्न चाह, आशा एवं भोग ही कारण बनते देखके
मनुष्य बँध जाता है मैं और मेरे जंजाल में
इससे अविनाशी तत्त्व की प्राप्ति होती नहीं मिलती मृत्यु है।

अगर चाहते हो जन्म साथ का
तो करो स्वागत दुख और सुख का
क्योंकि तुम न दुख हो और न सुख

तुम द्रष्टा हो दोनों आते हैं चले भी जाते हैं
अहंकार प्रगट होता है अच्छे वक्त में
उसका रूप तो दिखता है बुरे वक्त में।
चाहे हो सम्बन्ध या यन्त्र खराब होने पर
ठीक करवाना महँगा है देखभाल करने से

शिक्षा से तो आता है ज्ञान न कि अहंकार
लोग प्राप्त प्रतिष्ठा को मान लेते हैं उपलब्धि

भारतीय संस्कृति में समाहित जल वायु की उदारता
संस्कृति आत्मबोध का पालन है और आधार है सत्य।

आज लोग असत्य को सत्य
और अनुचित को उचित ठहराते हैं
तभी तो दुनिया की समृद्ध संस्कृति कराह रही है
आत्मा के आधिपत्य से आचरित होती संस्कृति
सौम्यता, शालीनता, सहजता और सुविचारों से
परिलक्षित होती है और आत्मवत् भाव का प्रतिफल भी
तभी तो आज भाव में जी रहा है मानव मस्तिष्क
और मानव समाज के हित में है सांस्कृतिक उत्सव।

मनुष्य जाति में भरमार बुद्धिमानों की है
मुश्किल में सब दरवाजे बन्द होते सिवाय ईश का
बुद्धि और साहस का विद्यालय सिखाता सीख
घर का काम भी प्रेम की श्रेणी में सम्मिलित हो ईश।

मनुष्य ऋणी होता है देव और पितृ का
अन्तकरण है मन, बुद्धि, चित्त और अहंकार
पंचगव्य का—घी, दूध, दही, गोमूत्र और गोबर का
एवं तत्त्व है पृथ्वी, जल, अग्नि, वायु और आकाश
मनुष्य जीवन का महत्त्वपूर्ण है हर पल
पर सोच कल की करने का रखता कर्महीन।

कोटि का अर्थ प्रकार है, करोड़ भी
हिन्दू धर्म में देवता तैंतीस प्रकार के हैं
वे हैं—आदित्य, धाता, मित और आर्य
शक्रा, वरुण, अशंभाग, विवास्वान, और पूष
सविता, तवास्था, विष्णु, वासु और धरध्रुव
सोम, अनिल, हि, अनल, प्रत्युष और प्रभाव
रुद्र, हर बहुरूप, त्र्यम्बक, अपराजिता और शम्भू
बृषा कापि, कपादी, रेवात, मृगव्याघ और शर्वा
कपाली, अश्विनी और है कुमार
इस भ्रान्ति और दुष्प्रचार फैलाया यवनों ने
हिन्दू देव भाषा संस्कृत के अर्थ को ही भूल मान बैठे।

पानी तो पानी है इतिहास निराला है
आकाश से गिरता तो वारिश, ऊपर उठे तो भाप
जमकर गिरे तो ओले, गिर कर जमे तो बर्फ
जमा हो जाए तो झील, बहने लगे तो नदी
सीमा में रहे तो जीन, नहीं तो होती प्रलय
आँख से निकले तो आँसू, शरीर से पसीना
ईश के चरण छूने पर हो जाता चरणामृत
पानी तो पानी, इतिहास निराला है।

जिन्दगी की वास्तविकता है
दर्द में अकेले और आनन्द में सब
मनुष्य जीवन एक पाठशाला है
जीव इसमें आता है सीखने
समस्याएँ भी पाठ्यक्रम का भाग है
क्योंकि इसे भी लिखा है ईश ने
हर बहस में कोई जीतता नहीं है
सद्गति दे सहसमति पर
लोग गलती के लिए गलती करते हैं
हँसने के लिए माफ करना सीखें

दूसरों की सोच की फिक्र करो नहीं
सच तो यह है समय घाव भर देता है
जरूरत का सब कुछ आपके पास है
इसके लिए अपने माता-पिता को दें धन्यवाद
जन्म और मृत्यु रोटी के दो टुकड़े हैं
दोनों के बीच जो डालता है स्वाद तो वो ही होता है।

माँ की साड़ी का पल्लू अनोखा होता है
बच्चों के रोने पर पोंछती आँसू
औढ़ाती भी रखने शरीर को
ठंडे मौसम में ढकती हाथों से
और पेड से गिरे फल फूल को लाने
माँ का पल्लू अनोखा है प्यार।

सम्बन्ध बनाना आज आसान है
पर निभाना तो एक साधना है
रिश्तों का रखावा करो धन की तरह
मुश्किल है कमाना पर गँवाना आसान है।

बेटी की विदाई पर
पिता अन्दर से रोता है
माँ के आँसू लोग देखते हैं
लोग कहते यही रिवाज है जगत का
पिता देख पाता नहीं दुखी बेटी को
बेटी के डाँटने पर हँसता पिता ही है
पिता के होने पर बीमार-अस्वस्थ
बेटी अपना घर छोड़ देखती पिता को है
बेटी के जवान होने पर
पिता का वात्सल्य और प्रेम बढ़ता जाता है
वह माँ बनेगी पर मेरी दोस्त तो रहेगी ही
बेटी सुखी रहे तो ही पिता मुस्कराता है
वरना वह भीतर ही भीतर मरता जाता है

बेटी अपने पिता के विरोध में सुनती नहीं
जिनके बेटी नहीं और पुत्र वधू आती है
पुत्र वधू को रखे बेटी मानकर तभी समझेगी पिता।
घृणा का अपना अस्तित्व होता नहीं
यह तो परिणाम है गैर हाजिरी प्रेम की

शर्म से लड़की का चेहरा लाल होता है
आनन्द के वक्त भी चेहरा खिलता है
किताब के पन्ने ही नहीं किताब भी छिपाती
मित्र की स्थिति समझते नहीं गले लगाकर
युग था चिट्ठी आने पर इतिहास पढ़ लेते थे
आज भाई देख भाई को किनारा करता है
बेटा बाप से हर बात छिपाता है
बेटी नहीं पूछती माँ से सलीके गृहस्थी के
चरणों में बैठकर ज्ञान लेना अपमान है
अपनों की चाह और याद सताती नहीं।

अनुमान तो होती कल्पना है
अनुभव है जो पाया है मेहनत से
और सिखाता जीना कष्ट रहित
अनुमान तो प्राय रुलाता ही है।

जीवन के संघर्ष में
साथ देने वाली चली गयी
और टूट चुका पूरा मन
औषध की चाह नहीं
आज के लोगों के सम्बन्ध
केवल अपनेपन तक हैं सीमित
सुख के वापिस आने पर
रह जाता उनका प्रयोजन नहीं।

मनुष्य जीवन में कुछ क्षण

घिरे होते समस्याओं से
ध्यान अगर करे उत्तरदायित्व का
तो निकल आता ही है रास्ता सुगमता का।
लोहे को नष्ट करता है उसी का जंग
और आदमी को करता अभिमान एवं सोच।

तुम मेरी गृहिणी एवं एकान्त की सखी भी थीं
ललित कलाओं में प्रिय और सहचारिणी भी थीं
तुम्हीं बताओ निर्दय मृत्यु ने
छीन कर मुझसे तुम्हें मेरा क्या नहीं छीना
जीने की सन्ध्या हो गयी पर तुम्हें देख नहीं पाया
हृदय में मची उथल-पुथल देख छाया रात की
रात्रि तो आए जाए और लाती घोर अशान्ति
मैं प्रतीक्षा में रहूँगा जगा नींद तो आएगी भी नहीं
मेरा विश्वास अडिग है तुम मिलोगी निश्चय ही
ईश दे शक्ति आँखों को देख सकूँ तुम्हें जहाँ तुम हो
मैं कृतज्ञ हूँ उन मित्रों का जो आते हैं हर शाम
मैं भुलाऊँ तुम्हें, क्या सूरज उदय होगा पश्चिम में
लोग आते हैं कम करने एकाकीपन और निभाने रस्म
उनसे मैंने कठोर सत्य सीखा वे आते हैं दुख द्विगुण करने
ये तो बेटियाँ हैं जो रहकर मिटाती एकाकीपन
वरना तो मेरा जीवन बनजारा ही बन जाता।

ताज महल को कहते निशानी प्रेम की
पर इसका बनने का इतिहास तो नदारद है।
और चित्तौड़ का गढ़ तो कहानी शेर की
घोड़े-चेतक की मूर्ति हर गाँव में नजर आती है।

उनके झूठे वादों पर विश्वास मत कर
वे जब निभाएँगे ही नहीं तो इच्छा भी मत कर
उनकी कपटी कथनी पर स्वयं को मत मिटा
मिलेगा उतना ही जितना लिखा ईश ने।

मुसीबत में माँगना मदद
स्वाभाविक क्रिया है जीवन की
जिन्दगी भर का लेना एहसान
क्षणिक दुख को करने दूर
शरीर में कुछ घाव ऐसे भी लगते हैं
निकलता नहीं खून दिए हैं अपनों ने
खुशियाँ होनी चाहिए भाग्य में हँसने को
चित्र में हँसना तो चित्रकार की कृति है
गलती करना तो जीवन का स्वभाव है
लोग ठोकर पहाड़ से खाते नहीं खाते पत्थर से।

नदी का उद्‌गम होता है बिना रेखा के
बना अपनी राह जाती पहुँच सागर में
मानव का कर्म है करते रहना कर्म
भाग्य रेखाओं ने तो लिखा है फल।

ईश्वर ने रचना की सृष्टि
जब निराकार शून्य था
और छाया था अन्धकार
आकाश में
ईश्वर की इच्छा हुई
प्रकाश की
और हो गया प्रकाश
तारों से जड़
बाँट दिया टुकड़ों में
आकाश को
शून्यता को भरने
पैदा की वनस्पति
जग हरा-भरा हो गया
स्वाद लेने भौरे हो गये
वैचित्र्य देखने के लिए

आँधी–पानी धूप छाँव बना दिए
और बनाए
पशु पक्षी और जीव
खोला ज्ञान नेत्र
और सामने देखा
भविष्य का प्राणी
और फूँक दी साँस
एवं अपनी आत्मा की
हो गयी उत्पत्ति मानव की
छोड़ दिया महाप्राण नायक को
सृष्टि के अवतस को।

रचना वृहत करने
इस संसार की
रचना में संचार रुक गया
खोलना पड़ा फिर नेत्रों को
देखा मानव की आँखों में आँसू
ले उनसे रचना की नाटी को
नारी पाकर दृश्य
मनुष्य कामना पूर्ण देख
खुश था मानव
स्त्री देह में छिपा
अपने को
शान्त हो गया जीवन
कौताहल था जीवन
कौताहल था जीवन में
नारी व्यथा में बेचैन होकर
बे सुध–बुध कर दिया मेरा जीवन
नारी ने गोद में दिया कृति को
आनन्द से झूमा, नाचा
बोल पड़ा जोर–जोर से
सृष्टि तो है नारी की

ईश्वर को समकक्ष
हो गये पुरुष और नारी,
कितनी आत्मीय
और सम्पूर्ण थी सृष्टि
न पाप था
न घृणा थी।
न अत्याचार था
था तो केवल एक परिवार
विश्व के समस्त प्राणी
मानो इस सिद्धान्त को
तो नहीं रहेगी
विभीषिका युद्ध की
अत्याचार और घृणा की

ब्रह्मा मिलने पहुँचे कैलास शिव से
द्वार पर देख चिड़िया सुन्दर गरुड़ मुग्ध हो गये
यम आया हँसा देख चिड़िया को और अन्दर चला गया
गरुड़ को आई दया चिड़िया पर और छोड़ दिया दूर
यम बाहर आया जिज्ञासावश था गरुड़
यम बोला बहुत दूर नाग को भोज्य हो गयी चिड़िया
ईश का कथन है करता तू वह है जो चाहते हो
पार होता तो केवल वह है जो चाहता में हूँ।

मनुष्य में अहं, क्या सोच है केवल 'मेरा' की
उसको जन्म माँ-बाप ने दिया
उसको नाम भी उन्होंने ही दिया
स्वयं दुख सहकर शिक्षा भी दी
रोजगार भी दिया उसे दूसरों ने
और ले जाएँगे भी श्मशान दूसरे ही
सब जानकर भी घूमता घमंड में है
पाप को मान अपना धर्म अठखेलियाँ करता है।

ईश ने भेजा जीव को संसार में देकर निर्देश
स्थावलम्बन से अर्जित करना होगा पथ
और बचाना होगा अपना संसार
आशीर्वाद पा चला सोया नौ महीने
जब जगा तो पाया अपने को नयी जगह
अत्यन्त परिवर्ततन—हाथ, पैर, आँख, जीभ
सब छोटे, कोमल और अति सुकुमार
लगी भूख तो चिल्लाया अपनी बेबसी पर
प्राणी ने उसके मुँह को सटा दिया कोमल स्थान पर
पाया तरल पदार्थ जीभ पर करने लगा पान उसे
धीरे-धीरे होता गया बलवान उस तरल से
और सामने देखा कँटीला पथ सत्य का
पर संगी तो सुगम पाप पथ पर चल रहे थे
सुखमय था, कष्टरहित था और मिली नारी
मिला नारी में मादक सौन्दर्य औ चोटें वासनी की
पथ तो चिकना, सुन्दर, सुखकर और सहज था ही
नारी ने शुरू किया पिलाना मादक मदिरा का प्याला
यह था आनन्द वासना का छककर पीना शुरू किया
सुखमय था पीना चलते-रुकते सभी अवस्था में
मुग्ध था नारी की मतवाली मद भरी आँखों से
नारी की पगध्वनि के आगे नत मस्तक हो रेंगता चलता
इसी जीवन को मान परम सुख जी रहा था वह
मादकता के नशे में चूर लड़खड़ाते पाँवों को
देखा नारी ने और धकेला पानी के तालाब में
नशा नदारद और देखा एक बँधी गठरी को
उठा गठरी नाचा पानी में समझा धन पाया है।

देखा सुन्दर रस्सी को पकड़ आरम्भ किया चढ़ना
धन के लालच में गठरी ली तो सिर पर थी ही
ऊपर आकर फिर पाई एक अति सुन्दर रमणी
वह अत्यन्त चित्ताकर्षक थी हँस स्वागत किया
सुन्दरी से आलिंगनबद्ध होना ही था

होने पर नारी बोली वह मृत्यु सुन्दरी है
और न छुटा पाया अपने को चेतना शून्य हो गया
सुन्दर नारी की पकड़ जब हुई ढीली तो
तेजोमय पुरुष के सामने था होश आने पर
स्वर सुना उसका आ गये पाप की भीगी गठरी लेकर

बड़ी मेहनत कर लाया सुख घर में
मिन्नतें करने पर भी रोक नहीं पाया जाती उम्र को
पूछने पर बोली हम तो रहते नहीं साथ
जब कोई है नहीं मनाने वाला तो लाभ नहीं रूठने का।

पुरानी बातें तो करता रहता याद
कोशीशो पर भी ला नहीं पाया पुराने दिन
जब बच्चे थे हर काम कर भूल जाते थे
आज मुझे लोग सिखाते सीखो भूलना।

मेहनत से परिवार को दीं हर सुविधाएँ
पर नहीं दिए संस्कार, छोड़ा उन्हें रोने के लिए।

इस जमाने में वफादार है एक मात्र 'माँ'
देख लो दूरबीन से कोई मिलेगा नहीं
लोग सोच को नहीं सूरत को निहारते हैं
गरीब ढूँढ़ता रह जाता है मिलता नहीं दोस्त
क्योंकि इज्जत इनसान की नहीं केवल पैसे की
रिश्ता भी तो गायब हो जाता है बिना धन के
इस युग में तुम अपना समझते हो जिसे
विश्वास रखो धोखा खाओगे उससे ही
जीओ उम्मीदों पर कभी न कभी होगी जीत
बादाम आदमी खाता है बढ़ाने बुद्धि
खाओ धोखा बुद्धि स्वयं आ जाएगी
तुम सजा देते हो बुरा चाहने वालों को
हँसो सामने उनके वो जल जाएँगे कुढ़कर

रिश्ते और रास्ते दो पहलू हैं सिक्के एक के
खोजते हैं निभाने रिश्ते पर चलकर बना लेते रास्ते
आज अच्छी बातें लिखी हैं केवल दीवारों पर
खोजने पर भी मिलता नहीं कोई जो बोले मीठे बोल
जग में शब्दकोश में नहीं है शब्द असम्भव
जो रखते हौसला करने परिश्रम पाते गन्तव्य
तभी तो कहते हैं बड़ा रखो कद को शीशों का
दुख-दर्द को झुकना पड़ेगा इसके सामने
जगत में कोई नहीं रखता टूटी मूर्ति घर में
पहचानो अपनी औकात कल तक पूजते थे उसे
आज रिश्ते भी टूटते हैं सच बोलने से
क्योंकि आज प्रेम है केवल झूठ से।

सूरज की गर्मी जग बढ़ती है
ठंडा करने उसे बरसात होती है
गर्मी तो किसी की भी रहती नहीं
चाहे तो वह सूरज ही क्यों न हो
जानकर भी लोग अहं त्यागते नहीं
बिडम्बना है भाई भी आपस में हँसते नहीं
आदमी के गिरने पर औकात का ज्ञान होता है
उठाने वालों को देख अपनों का पता चलता है
गुस्सा आने पर चेहरा बताता है सच्चाई
झूठों को देख हँसता कुछ समझ आती नहीं
किताबों में बहुत कुछ लिखा होता नहीं
पर वही लिखा होता लोगों के चेहरों पर
मुस्कराहट दुनिया की है अनोखी पहेली
बताती बहुत कम और छुपाती है ज्यादा
सच्ची बातों का भी लोग माँगते सबूत
बेचारा भरोसा जी रहा है दुखमय जीवन
ईश ने बड़ी सोच से रिश्ते बनाए हैं
ईमानदारी से निभाने वाला सदा रोया है।

आज की औलाद करती कद्र नहीं
मरने पर भी याद करते पराये नहीं
देखते नहीं शक्ल बने शणार्थी
कभी तो देते परिचय लोग हैं यह गाँव का।

कागज के टुकड़े हो जाते सरलता से
कपड़े के टुकड़े काटना थोड़ा मुश्किल होता है
लोक के टुकड़े काटना कठिन है बहुत
टुकड़े करना अहं का सम्भव नहीं
जिन्दगी में बहुत पाकर भी मनुष्य भूखा है
वह रोता रहता उसके लिए जिसे पाया नहीं
आज लोग करते कुछ उसी के लिए
जिससे उम्मीद पाने की,
न कि करे भला डाले पानी में।

अन्तर्मन तो टूटेगा ही
जब हारेगा संघर्षों से
सद्भावना के सुखमय शब्दों से दर्द
जब कम होता नहीं तो कोई लाभ नहीं
आज सम्बन्ध तो केवल बनावटी है
दुख आने पर उनकी पहचान नहीं
केवल साथी हैं सुख के जब
भरोसा करना उनपे कोई चाह नहीं
कटु वचनों का काम आहत करना ही है
उन्हीं के मुख के मीठे बोल पे सुख कैसा?
रोगी के घर में एकत्रित सुख साधन
कब स्वस्थ कर पाते रोगी को?

आज ज्ञान बिकता है सड़कों पर
पर बिकते हैं जूते सीसे लगे घरों में

बेटों की देख लड़ाई

घर में हुई दीवार–बँटवारा
माँ ने पूछा मैं किधर हूँ
कहा दोनों ने तुम हो वृद्धाश्रम में
हर सन्तान को मिलती माँ अच्छी
भाग्यवान माँ जिसे मिलती औलाद अच्छी
सृष्टि ने रचा नहीं 'माँ' से छोटा शब्द
सेवा 'माँ' की करना बड़ा तीर्थ है भू पर
आज के लोग ज्ञान लेते हैं कम
वे तो पैदा ही होते बुद्धिमान बन
दुखों को मिटा पाते कहाँ वे
मकड़ी के जैसे जाले से निकलते नहीं।

बच्चे के माँगने पर रोटी एक
माँ लाती दो गिनती कर
गोद में उठा करती प्यार
जल्दी खा ले रहेगा भर पेट।

आज अन्धकार में भ्रमित हैं लोग
जिन्दगी में भाग्य तो रहता बदलता
लोग शक्ति प्रदर्शन करते आवाज ऊँची से

कमजोरी नहीं है सब्र एवं सहनशीलता
यह ताकत है वज्र की जो आज मिलती नहीं है।

कर्ण का पूछना कृष्ण से
जिज्ञासा एवं लेना आदेश था
जन्म दे त्यागा माँ ने किसलिए
अवैध बच्चा पैदा करना चाह थी उनकी
अपराधी और अनाथ बनाया क्यों मुझे
वंचित रहा द्रोणाचार्य की शिक्षा से
क्योंकि नजर उनकी में क्षत्रिय तो था नहीं
स्वयंवर द्रौपदी का तो चिर परिचित है ही

आप कह सकते थे मैं भी घराने कुलीन का हूँ
कृष्ण का हँसना और कहना कर्ण को
जन्म मेरा तो हुआ था जेल में
और अलग होना पड़ा माँ–बाप से
हमले हुए मुझ पर जब अक्षम था चलने
मैं तो चराता था गाय रहता था संग उनके
सेना नहीं, शिक्षा भी नहीं और महल भी नहीं
पर मामा तो मानता था जानी दुश्मन मुझे
मैंने बहु विवाह किए नाम देने युवतियों को
राक्षसों ने किए अत्याचार अबला जो थी वो
जीवन की परिभाषा मानो चुनौतियाँ
जीवन कब रहा है सब चाहों के अनुसार
सत्य और उचित आत्मा ही करती तय
अनुचित और अन्याय होना ही जीवन में
अपमान भी होगा कोई अनहोनी नहीं है
अधिकार को नहीं पाना आज की क्रिया है
परन्तु कर्ण, कर्म से सामना करना ही जीवन है।

आज अहंकार में भ्रमित हैं लोग
जिन्दगी में भाग्य तो रहता बदलता
लोग शक्ति प्रदर्शन करते ऊँची आवाज से
व्यक्तित्व ऐसा बनाओ चुप्पी आपकी जग हँसाए।

इस दुनिया में केवल अपना है समय
उसके सही होने पर दुनिया होती है अपनी
नहीं तो शक्ल भी भूल जाते हैं अपने भी
कामयाबी या नाकामयाबी दोनों ही देन हैं ईश की।

खुशी और दुख के रास्ते नहीं हैं अलग
दोनों पथिक हैं स्वयं रचित रास्तों के
आज पाप है वचन देना आनन्द के क्षणों में
क्रोध एवं अहं में रहना जीभी सील कर

प्रतीक्षा कीजिए निर्णय नहीं दुख की घड़ियों में
व्यक्तित्व ऐसा हो बैठे सभी साथ आपके
और कोई बैठा नहीं रहे जब आप हों खड़े
ले विश्वास में ठगने का व्यवसाय है लोगों का
उनसे भी करो प्रेम ताकि वे सो नहीं पाएँ रात में
उम्र का बढ़ना तो नियम है प्रकृति का
लाभ नहीं करना याद वह नहीं आएगी लौट कर
जमीं में बीज नहीं डालने पर प्रकृति भर देती घास
नकारात्मक विचार हावी होंगे बिना सकारात्मक के
मेरे दिल व शरीर की मालकिन जब छोड़ गयी तो
रोकना रोने को सम्भव बनाया नहीं ईश ने।

लोग पाने के लिए लगे हैं
रिझाने ईश को, बोले ईश
अगर तुम कर पाओ अर्पण अहं
तो तुम भी पूजे जावोगे मेरी तरह।

रिश्तों में कभी नहीं होता मान-अपमान
ऐसा बनूँ दर्द में पूँछ सकूँ उनके आँसू
रूठने का हक भी दिया उन्होंने
उनके साथ हँसते तो सदैव ही हैं।

साठ साल के जवानों
अगर चाहते हो जीना सुख से
केवल सुनो बच्चों और बहुओं की
वे कहें अगर रात को दिन तो स्वीकार करो
अपने शरीर का काम करना सीख लो
आँखों से देखो, कानों से सुनो
मुँह से बोलना तुम्हारा पाप हो जाएगा
बच्चों को उनका मुँह माँगा प्यार करो
जख्म अपने रखो छिपा दिखाना होगी भूल
वरना मलहम के स्थान पर छिड़केंगे नून

रूखी-सूखी खा तृप्त रहो
मरने पर भी नहीं मिलेगा ले जाने वाला कन्धों पर।
अहंकार हँसी है मूर्खता की
विश्वास देता नहीं धोखा कभी
दोनों के बीच के अन्त को देखो
झुककर नम्रता ने ले लिया सारा यश

आज केवल लोग पैदा हो रहे हैं
पैदा इनसानियत हो तो अच्छा है
इनसान का इन्तजार समय करता नहीं
लोग क्यों करते हैं इन्तजार अच्छे समय का
डरते हैं आपकी सफलता देख स्वयं प्रयास करते नहीं
और कहते हैं आप अन्तर ला पाएँगे नहीं।

मनुष्य मन में द्वन्द्व चलता है
पहचानने सही और गलत
पर जीतना तो उसे ही है
जिसका मन चाहता है अभिष्ट।

लोगों की चाह है वे दिखे अच्छे
पर अगर वे बने अच्छे तो बेहतर है
झुकाना विवश करता है झुकाने दुनिया
बदलो आदतें बुरी वरना बदलेगा समय
कर्म करते रहने से मानव होता सफल
रुके हुए पानी में भी बदबू हो ही जाती है
लोग देते दिलासा झूठी, करते इनकार नहीं
अच्छी भावना, विचार और सोच
रखते मन को हलका और बचाते पाप से।

जिनके आगे झुकता नहीं
वे तो घृणा ही करते हैं
मित्र एवं अपने जो प्यार करते हैं

वे उनके आगे झुकने देते नहीं।

सम्बन्ध बनते हैं प्रेम से
संकट हो तो भी मरते नहीं
संवेदनाओं से होते महसूस
निभाना है आत्मिक मन से
अहंकार में वे टूट भी जाते हैं
कटूता आती है गलत धारणाओं से।

आज आदमी की चाह का अन्त नहीं है
परिवार की चाह बना देती उसे बूढ़ा।
समाज की अपेक्षाओं में बन जाता पुड़िया
खोलने पर उसका अस्तित्व मिलता शेष
जमाना था आदमी रहते थे एक जोड़े कपड़े में
आज सुबह, दोपहर और शाम चाहिए भिन्न-भिन्न।

शास्त्रों में लिखा है
नियन्त्रण में रखना क्रोध को
और मस्तिष्क के तारों को
रखना झंकृत।

भगवान शब्द बना पाँच अक्षरों से
भूमि, गगन, वायु, अग्नि और नीर
सब कहते हैं भगवान को कोई देखा नहीं
झाँक कर देखो अन्दर वे रोज नजर आएँगे।

जिन्दगी में सफलता मिलती है परिश्रम से
बार-बार मौका मिलता है सफल होने के लिए।
जीवन केवल दबाव की जिन्दगी नहीं है
अपने अन्दर के जोश को ठंडा होने दीजिए नहीं।

जीवन में मर्द का होना एक क्रिया है

लोगों का सहने का तरीका है अलग-अलग
कुछ खुद को बिखेर लेते हैं
और कुछ कर संघर्ष करते हासिल विजय।
जल्दी हम गलत धारणा के हो जाते शिकार
विवेक से परिस्थिति का मूल्यांकन तो करो
हम कहते अपने को ही सदा यही
पर आपके सही होने से वह सही होता नहीं।

आदमी को उसकी
स्थिति आज की से तोलो नहीं
समय की ताकत देखो
कोयला भी बदल जाता हीरे में।

जो बीत गया अथवा जो आएगा
दुखित नहीं कर पावोगे उसे
क्योंकि उसका नहीं है अस्तित्व
आप तो पीड़ित हैं आपकी याददाश्त से
और वह कोरी आपकी कल्पना है।

बुद्धि और सुन्दरता देन है भगवान की
नेक नाम और धन अर्जित करते आप हैं
लोग इन्हें गँवाते हैं तब जब वे
वर्ताव और अहंकार के वशीभूत हो जाते
बुराई गुड़ की तरह मीठी होती है
आदत पड़ जाने पर चाहत कम होती नहीं
सच्चाई तो नीम की तरह कड़वी होती है
सब उससे कतराते हैं पचाने को।

आज सबसे सस्ता होता सलाहकार
बिन चाहे, बिन माँगे बहुतेरे आते हैं देने
दुर्योधन का सलाहकार तो शकुनि ही था
पर अर्जुन तो केवल लेता था सलाह कृष्ण से।

जिन्दगी में दुख तभी आता है
जब हम बिन सोचे करते काम
अथवा करते काम सोचे बिना
समझ को उपयोग में लेते नहीं।

दुखी मन को शीतल छाँव से
सहलाने वाले सखा कम ही मिले
मेरा प्रिय वियोग तो सर्व विदिति है
पर मन बहलने मित्र गिनती के आते है ही
मेरे अश्रु बूँदों को पोंछने
कम ही आते असल सखा तो वे ही हैं।

मनुष्य को गुरु मानना चाहिए समय को
वह जानता है कौन अपने में पराया
सपना है, दिखावा है, स्वार्थ है स्नेह इनका
और दिखता है कौन है परायों में अपना।

जीव संसार में है अनेक प्रकार के
जीते हैं पेट भरने और रहते खुश हैं।
लेकिन मनुष्य तो जीता है तृष्णा में
तभी तो सब कुछ होकर भी है दुखी
अच्छा बनना दिखावे में बुरा होने से भी बुरा है
जन्म लेता आनन्द में दुख तो खोज तुम्हारी है।

माँ का जीवन ही बना रोने के लिए
रोती थी जब पेट में लात चलाता था
रोती थी जब चोट लग जाती थी
रोती भी जब अस्वस्थ हो जाता था
और खाता नहीं रोटी था
आज भी रोती है जब रोटी बेटा देता नहीं।

आदमी रह सकता नहीं बिना औरत के
औरत के रूप हैं अनेक पदमा, विद्धा, लक्ष्मी
और शान्ति, अन्नपूर्णा
निशा, निद्रा और स्वप्न सभी हैं नारी रूप
महामन्त्र गायत्री एवं महाग्रन्थ गीता भी
अन्धकार मिटावे ज्योति, प्रिया, नेहा
युद्ध में जया, शक्ति...
ब्रह्मा की रचना में पुरुष से ज्यादा महत्त्व नारी का।

आशा दुखदायी होती है
जो रखी जाती दूसरों से
अपने सामर्थ्य से भी रखते ज्यादा
उससे तो पति दुखदायी निराशा
स्वयं पर रखो भरोसा लक्ष्य पाने में
यही तो विधान है प्रकृति का
आत्मविश्वास से बिना आशा फलती नहीं
कठिन परिश्रम के बिना सफलता नहीं
आसान है मित्र के साथ बैठना
पर मित्र खड़े होते नहीं मुश्किल में।

कभी भी भार नहीं होता बेटी का
एक बेटी का भार बराबर है दस बेटों के
पिता ने पूछा बेटी से
पति से ज्यादा प्यार या मुझसे
बेटी ने दिया उत्तर
तुमको देख उसे भूल जाती हूँ
उसे देखने पर तुम याद आते हो
तभी तो पिता बेटी को बेटा कहते हैं
कभी नहीं कहता बेटी बेटा को
बेटी घर में प्ररूप होती तोते का
वह बोलती है, बोलती है
चुप होने को कहना पड़ता है

और जब वह चुपचाप होती है
माता-पिता मान लेते वह बीमार है
शादी होने पर कहते खुशी चली गयी
अब सुनने नहीं मिलेगा संगीत
औरत का चारित्र नमक जैसा है
उसकी गैर मौजूदगी बेस्वाद जीवन है।

लड़के ने दहेज का कारण पूछा
सुन्दर जवाब जानो तो सुखी रहोगे
जब कोई पुरुष तैयार होता आजन्म सहने
किसी युवती को तो वह पाता है प्रोत्साहन भत्ता
और अनुदान रूप में पायी रकम का
सुसंस्कृत नाम दिया दहेज है।

सोचा धन के दर्द से धनी केवल अकेला हूँ
नजर घुमा कर देखा तो पाया सभी को रईस।

मनुष्य की सोच बड़ी स्वार्थी है
चाहता है हर काम उसी के अनुकूल हो।

पाप और पुण्य क्या है, यह तो जानता नहीं
यह जानता हूँ दुखाना किसी का दिल पाप है।
और जब ला सको हँसी किसी के चेहरे पर
तो वह मानव धर्म है और पुण्य है।

युवती की जिज्ञासा भगवान से
मैं क्या करूँ शादी जब मैं
शिक्षित हूँ आत्मनिर्भर भी हूँ
घर वालों की चाह करूँ पूरी क्यों?
जवाब तो पाना ही था और पाया
तुम मेरी सर्वश्रेष्ठ रचना हो
जिन्दगी में बहुत कुछ पावोगी भी

पर तुम चाहती वह जो प्रकृति के विरुद्ध है
असफल और बुरा भी होगा जीवन में
दोष लेने वाला पावोगी नहीं
तभी तो मैंने रचना की है पति की
जिसे दे दोष कर पावोगी मन हलका।

अँग्रेजी नया साल में नयापन है क्या
चारों ओर लोगों ने मचा रखा शोर क्यूँ
सूर्य की रोशनी वैसी ही रात का अँधेरा भी वहीं
हम तो देखते चारों ओर हर दिनचर्या वही
न बदला आसमान है और न बदली जमीं
सबको मालूम है बारह महीने तेरे
हर वर्ष पड़ती सर्दी जनवरी से मार्च तक
और अप्रैल, मई, जून में होती है गर्मी
कुछ नया है तो दिखा, बदल सुबह शाम को
वढ जाता हर साल एक जनवरी देखते ही।

सौभाग्य के उत्कर्ष का
स्वागत करे नववर्ष का
संकल्प हो नव, दृष्टि नव,
उत्साह नव हो, सृष्टि नव
साफल्य के सन्दर्श का
स्वागत करे नव वर्ष का
मन–काय दर्शन–संवलित
मृदु भावना से हो रचित
जीवन हो आकर हर्ष का
स्वागत करे नव वर्ष का।
पथ हो प्रशस्त विचार का
अविचल नवल बिस्तार का
स्नेह–युक्त स्पर्श का
स्वागत करे नव वर्ष का।

अगर कोई मनुष्य हँसता है
तो निश्चय है वह अकेला है
अगर कोई मनुष्य दिखाता है मजबूत
और रोता भी नहीं तो वह कमजोर है।
जीतना सम्बन्धों को तोड़ना होता है
सहना जितना और स्वयं का हारना
सम्बन्धों को रखते हैं खुशहाल
हारकर भी देखते हो हँसी संगिनी की।

सरल स्वभाव कमजोरी नहीं है
पाया हुआ धन है मिला संस्कारों से
दुनिया में कोई लेने वाला नहीं है दर्द
खुशियाँ लेने तो मधुमक्खी की तरह है लोग
स्वास्थ्य, धन, खुशी और सफलता
पाना या खोना तो देन होती है ईश की।

सम्मान वस्तु नहीं गर्वित होने की
अपमान से होना नहीं क्रोधित कभी
मन में रख क्रोध कठोर बोल भी नहीं
तभी तो श्रेष्ठ और सुखी होते हैं।

बन्धन केवल दिमागी रोड़ा है
सम्भावनाओं की सीमा कैसी?

आँसुओं को पहचान होती है अपनों की
वे टपकते हैं केवल सामने अपनों के
पानी में सभी गिरते हैं नहाने के लिए
डूबते तो वे ही हैं जिन्हें आता नहीं तैरना
परिस्थिति कभी बनती नहीं समस्या
निपटना नहीं आने पर तो समस्या ही है।

ज्ञान, धन और विश्वास
मित्र घने थे प्यार भी था
संग रहते रहते निर्णय किया
अलग रह देखे संसार को
मिलने का स्थान एक-दूसरे ने पूछा
ज्ञान बोला मैं मन्दिर या विद्यालय में
धन बोला मेरा स्थान तो पास अमीरों के
विश्वास बोला मैं एक बार चला गया
तो फिर लौट कर आने का प्रश्न नहीं

आज लोग नाम ले कहते हैं
वह स्त्री तो चरित्रहीन है
जब दोनों हाथ मिलाए बिना
बजती नहीं तालियाँ
तो स्त्री-पुरुष दोनों की
सहमति के बिना
केवल स्त्री को कहना
चरित्रहीन अन्याय ही है।

भगवान ने अपने जीवों की
रचना की सुगमता से
पर बहुत समय लगा
जबकि रचना स्त्री की
देरी का कारण पूछा देवदूत ने
गुण धर्म देख बनाने में लेगा वक्त
सुन्दर जवाब था ईश का
इसे हर परिस्थिति को सँभालना है
इसे हर बच्चे को भी सँभालना है
इसे प्यार से घुटनों की खरोंच
और टूटे दिल के घाव भरने हैं
इस रचना का गुण धर्म देखो
बीमार होने पर भी रखती ख्याल सबका

करती रहती घर का काम बिना थकान के
नरम होते हुए बहुत कड़ी भी है
इसमें ताकत है मुकाबला करने की
पर इसके गाल तो गीले हैं
अरे ये आँसू हैं जो इसकी बड़ी ताकत है
प्यार जताने अकेलापन दूर करने का तरीका है
और ताकत है पुरुष को विवश करने की
क्योंकि पुरुष रह सकता नहीं इसके बिना
और पुरुष के देने पर धोखा
टूट जाती है ये अन्दर से
यह सहनशील नहीं धोखा सहने की
पर समझौता भी करना होता इसे
मगर यह अपनी महत्ता भूलती है
मैंने यह त्रुटि रखी है इस रचना में।

बेटी की बिदाई
ले आती अँधेरा घर परिवार में
सूर्य के अगर होती बेटी
तो वह भी जानता अँधेरा क्या है?
हर बेटी ही प्यार करती पिता को
जानती है वही देख नहीं सकता दुखी उसे
वही बिना कारण भी डाँटती पिता को
क्योंकि वह अधिकृत है द्वारा उसके
पिता की बीमारी में पागल हो जाती बेटी
अपना घर भूल करती सेवा पिता की
विदाई पर माँ आँसू कुछ क्षण पोंछती
पर पिता तो अन्दर से पूरा टूटा होता है
युवा होने पर वात्सल्य होता है असीमित
अब वह सृजन करेगी माँ, दादी बनकर
पर मेरी चाह है वह धनी रहे मित्र मेरी
विदा के वक्त भी कहती है तुम दुखी मत होओ
हर पिता की प्रार्थना होती है ईश से

सयाना सबको बनाओ एक पति होगा मेरी बेटी का।

कर्म को समझ लिया तो
समझ में आया धर्म
गंगा धोती शरीर को
विचार तो धोते हैं तुम्हें
लोगों को डर हैं कर्म का
तभी तो रहती भीड़ गंगा पर।

आज के बेटे विदेश में जाते हैं पढ़ने
सत्य है वे जीना चाहते पाश्चात्य जीव
मिथ्या भावी और उच्छृंखलता है प्रथम पाठ
बिना विवाह किए संग रहना उच्चतम शिक्षा
माता-पिता बेच अपने को बनाना चाहते सुसंस्कृत
भरपूर उम्मीद सँजोते हैं बुढ़ापे में सुख की
बेटा भूल जाता है उन्हें पर बेटी सँभालती
कैसी विडम्बना है पराए ही होते अपने।

ब्रह्मांड की रचना के बाद
प्रथम प्रेम विवाह
किया था भगवान शिव ने
कृष्ण के प्रेम की तो
अनेक कथाएँ हैं शास्त्रों में
यहीं की संस्कृति में
पशु, पक्षी, पेड़ और पौधे
सबमें प्रेम ही समाया है
प्रेम में मुहूर्त होता नहीं
प्रेम अनायास हो जाता है
इसमें है
सत्यता, करुणा और आनन्द।

सम्बन्ध मधु की मिठास होते हैं

इनको तोलो नहीं धन से
ये वो जीवन की उपलब्धि हैं
जो दिलों को एक करती है।

कामना का जन्म होता है आसक्ति से
आनन्द लुप्त हो जाता सन्देह करने से
मन भी दुश्मन है अगर रोकते हो नहीं
नरक का द्वार है वासना, गुस्सा एवं लालच
मन की चंचलता को रोकता है अन्याय
मृत्यु से भी बदतर है अपमान व्यक्ति का
पूरी लगन से काम करने से हासिल होता है
मत डरो उससे जो है ही नहीं वास्तव में
मनुष्य का स्वभाव देन है संस्कारों की
जन्म-मृत्यु तो है अटल फिर शोक-खुशी क्यों
अप्राकृतिक कर्म जन्म देता तनाव को
अकर्मणीय होने से कर्ममय होना है अच्छा
कामुक सुख में आनन्द नहीं पाता ज्ञानी
निष्क्रियता में देखना काम बुद्धिमत्ता है
निस्वार्थ भाव से समाज के लिए काम ही सेवा है
आनन्द का भास कार्य में पूर्णता है
मनुष्य का मन ही मित्र या शत्रु है
लोग पूजा मन से करते जिस देव की
विश्वास बढ़ाना उसी में सान्निध्य है देव का।

समस्या होने पर
सोचने से बहाने मिलते हैं
समाधान के लिए सोचने से
हजार रास्ते मिलते हैं।

मनुष्य जिन्दगी घुमावदार है
उधेड़ बुन में उम्र बीत गयी
कन्धों पर चढ़ते थे बच्चे

अब बच्चे चढ़ते हैं उनके कन्धों पर
जंगलों में जाते लगता था डर
अब तो कट कर शहर बन गये
घने काले बालों पर इतराते थे
अब तो रँगना पड़ता है उन्हें
प्रसन्न थे परिवार से
परिवार का टूटना देख
दिन का चैन और रात की नींद को
चिरजीवी संगीन बना दिया।

आज मनुष्य जीवन की
परिकल्पना इसी में है वह
दूसरों को बदलने के बजाय
बदले स्वयं को
स्वीकार करे वे जैसे भी हैं
उनकी सोच भी सही है
कुछ लेने की उम्मीद छोड़
देने में आनन्द प्राप्त करें
स्वयं की बुद्धि को प्राथमिकता देना
हार की सीढ़ी है
और अपने आनन्द प्राप्ति के लिए
वस्तुओं के प्रति लगाव छोड़ दो।

पाश्चात्य सभ्यता है कलियुग
विवाह एक बन्धन है तभी तो
लोग साथ रहते हैं
रुचि अनुसार
छल-कपट तो
सफलता की सीढ़ी है
राजनेताओं से
अपेक्षा न्याय की
बिना चुकाए कीमत

नहीं होता है सम्भव
माता–पिता का स्थान
बन गए हैं वृद्धाश्रम
सुन्दर दिखने
औरत की तरह
रख रहे हैं बाल
पेट की भूख इतनी
भयंकर है
करने इसे बुरे काम
मधुरतम हो गये हैं
प्रकृति भी इतना क्रोध
दिखा जो रही है
कहीं अकाल है
कहीं पानी बहा ले जा रहा है
कहीं असहनीय असाधारण गर्मी है
कहीं जम रहे हैं लोग सर्दी में।

ईश्वर की नहीं
पूजा होती है धन की
आपसी या सामाजिक किया वादा
बदलते हैं विवाह को समझौते में
आज शरीर का शुद्धिकरण भी है
केवल दो पल का स्नान
महान धार्मिक कहलवाने
आडम्बर रचते हैं
इच्छित फल प्राप्ति के लिए
मानव हत्या भी
साधारण क्रिया है
भागवत महापुराण की कथा
कथावाचकों की दुकान है
प्रकृति भी दुखी होकर
तांडव कर रही है

यह लिखा भी स्वयं भगवान ने
लाखों वर्ष पहले के
लोग जानकर भी
अनजान बने हुए हैं।

हँसी आदमी के चेहरे पर
भगवान के हस्ताक्षर होते हैं
अहंकार से मिटाने या पोंछने
आँसुओं की झूठी क्रिया होती है।

कुएँ का मैला पानी पीकर
खुशहाल लोग रहते थे
सौ साल जीते भी थे
घाणी का मैला खा तेल
बुढ़ापे में भी काम करते थे
डले वाला नमक पीस पत्थर पर
खा बीमार होते नहीं थे
नीम, बबूल, कोयला और नमक
से चमकाते थे दाँत
खाना भी बुढ़ापे में चबा खाते थे
बैद्य नाड़ी पकड़ रोग निदान करते थे
बच्चा जन्मने के बाद माँ
खेतों में काम करती थी
गुड़ की बनी मिठाई खाते थे
घुटनों की बीमारी होती नहीं थी
शल्य चिकित्सा का काम नहीं था
आँख में सुरमा सब ठीक रखता था
मुँह बन्द होने पर आँख से औषधी देते थे
आज साफ पानी पी जवानी में बूढ़े हैं
साफ किया तेल खा जवानी में हाँफ जाते हैं
आयोडीन युक्त नमक खा दिल थामे रहते हैं
रोज दाँत के चिकित्सक के चक्कर लगाते हैं

जाँच कराने पर भी रोग जान नहीं पाते हैं
नौ महीने चिकित्सक देखता है फिर भी
बच्चा शल्य चिकित्सा से ही पैदा होता है।

मीठे का परहेज फिर भी बीमारी चीनी की
लगने के बाद छोड़ती पीछा नहीं जिन्दगी भर
जवानी में भी घुटने और कन्धे
कराहते रहते हैं दर्द से
भारतीय संस्कृति और विज्ञान
मान्यता पाए नहीं आज के लोगों से
नीम और बनियान वृक्ष के पास
रखा जाता था बीमार को
साँस को अधिकृत करना योग से
स्वास्थ्य लाभ का खजाना है
तुलसी पौधे को मानते हैं देव
क्षमता है हर रोग को मिटाने की
मन्त्रों का उच्चारण ही रखता
अहंकार मुक्त, सत्यवादी, तनाव मुक्त
समझ पाया है यह युग है
अज्ञान का और झूठे विज्ञान का।

उम्र तो बैठती ही जा रही है
समय को भी टोकना आता है
मन करता बच्चा बन रूठूँ
आँखें खोज न पायीं मनाने वाले को
इस उम्र में जरूरी है नजदीकियाँ
वरना कोई सुनने वाला नहीं होगा
गुजरते हो जिधर से
प्यार एवं स्नेह बिखेरिए
मन और आत्मा से याद करो ईश को
अन्धेरा छँट कर सुबह हो जाएगी
किताबों में खोजने पर भी नहीं मिला

जो सिखाया अपनों ने एवं परायों ने।

विद्या अनुपम कीर्ति है
आश्रय देती है दुख में
जीवन की कामधेनु है
रति के समान है विरह में
मनुष्य का नेत्र है तीसरा
सत्कार का मन्दिर भी है
कुल की महिमा है
बिना रत्न के आभूषण हैं
ब्रह्मा, विष्णु एवं महेश को
पाना है तो विद्यावान बनो
प्रार्थना से पाते नहीं खोते हो
क्रोध, तनाव, घृणा एवं असुरक्षा।

आज की सफलता
अहंकारी बनाती है
खोजती है प्रक्रिया
बधाई देने वालों की
वरना तो रसहीन होती है
सुन्दर भी लगती
विफलता
जब अपने होते साथ
रिश्तों में पूरी नहीं होती
ये पक्के धागे हैं एहसास के
यह याद करना है
जो दृढ़ से दृढ़तर बनाता है।

मैं बैठा उम्मीदों के सहारे
दुख देना धर्म गलत लोगों का
सच्चे लोगों पर किया शक
अवश्यमभावी होगा सृजन दुख।

भरोसा कर लिया उन पर
वे जानते हैं कि नहीं
मेरे चुप रहने की वजह
मेरे गुस्से के पीछे का प्यार
पहचानो तुम्हें शकून मिलेगा।
लोग निर्भर रहते दूसरों पर
काश! वे अपनी क्षमता से करते काम।

इस सभ्यता में बेटा बाप को
बाप कहता नहीं है
जब वह असत्यवादी है
तो विफलता ही साथी है उसकी।

ब्रह्मा जी रचना में
स्त्री रचना है अति जटिल
सीता राम की पत्नी थी
देख हिरन सोने का
चाह हो गयी लेने की
रावण तैयार हुआ देने
लंका सोने की तब मोह त्याग
चाह राम की में स्थिर हो गयी
पुरुष रचना कमजोर है
सामने औरत के
कर न सके प्रभु राम जो काम
कामना है तुम्हारी करने की
भूलभुलैया में धँसे हैं पाँव
कभी ना आ सकोगे बाहर
सीमा अतिक्रमण की सोचो मत
कँटीले पथ में लहूलुहान हो जावोगे।

साम ढलान के पथ पर थी
लोगों का अकाट्य विश्वास

लौट कर वो जा रही है
हवा ने समाचार दिया
लोगों का जमावड़ा हो गया
काश! वे तुम्हारा जाना रोक पाते
अथवा जान पाते गन्तव्य
प्रविष्ट तुम्हारी आत्मा का
वे व्यस्त थे देखने तुम्हारा मुख
कमल फूल समान हँसता हुआ
तुम्हारे मुख की हँसी
सन्देश दे रही थी
लोगों ने जब सुना
सन्देश वह तुम्हारा
रहना नहीं जीर्णशीर्ण
नवयौवना ऊर्जा नयी
आ गयी बिना भटके फिरत
शोक मत करो सन्तप्त होवो नहीं
स्नान कर बदलना कपड़े तो हैं क्रिया
काश तुम समझ पाओ
मैं मरी नहीं हूँ
प्रविष्ट कर नव यौवना में
आ गयी हूँ इसी संसार में
काश तुम और तुम्हारे
पाते पहचान, साथ नयी का

कहेगा विश्व भुलाने तुम्हें
यही लिखा विधान है ईश का
काश दुखित देख हम सबको
वह अपना विधान पलट देते।
बाजपेयी जी को श्रद्धांजलि

पन्द्रह अगस्त
स्वतन्त्रता दिवस है

तिरंगा लहराने का दिन है
इस दिन आधा झुके नहीं
इसलिए लड़कर मौत से
बाध्य किया ठहर जाने
वादे रिश्ते निभाना ही
जिन्दगी थी उसकी
वह लोग नहीं था आज का
जो कद्र करते नहीं वादों-रिश्तों की
और रिश्तों को देते नहीं स्थायित्व
तभी संसार में कलह फैल रही है
जीवन में प्रलोभन मिले बड़े-बड़े
हँसकर कहते नहीं लिखा विधाता ने।

गौरों की जड़ जमने लगी
जी रहे थे जीवन
जानवरों का
चाटना स्वाद मसालों का
चाह जगी खाने की
हो नौकाओं में सवार
पत्ते, मछली खा-खाकर
रखा पाँव पावन जमीं पर
ग्रामीणों ने समझा
हनुमान बानर संग ले
दर्शन देने आ गये
पूजित तो होने ही थे
सुन्दरता का चोला पहन
पा गये धरा भाग
मात्र एक हजार रुपये में
गौरों का पौधा अंकुरित हुआ।
जड़ जमने लगी
अँगुली दी स्वेच्छा से
पकड़ लिया सम्पूर्ण शरीर

अतिक्रमण शुरू हुआ
लोग संग होने लगे
देश बँटा था भाइयों से
चिड़िया सोने की का
हर पंख अलग राज्य था
पंखों को खरीद या कपट से
आसान हो गया जोड़ना
धीरे-धीरे खोज-खोज
पंखों का अधिग्रहण किया
जड़ जमीं में जाने लगी
लालच चाह
इनकी झोली
बिना बहाए रक्त
भरने लगी
जड़ जमने लगी
पंख सारे जुड़ गये
बन गयी चिड़िया सोने की
देश के सम्राट हो गये
जड़ जमी गौरों की
आज लूटे कोहिनूर की
देखने की भी टिकट है
अन्य बेशकीमती गहने
देखने की भी टिकट है
यहाँ के राजाओं की तरह
खरीदा राजनेताओं को
बाँटा देश टुकड़ों में
विडम्बना देखो आज
भारत के बच्चे जाते वहाँ
शिक्षा करने ग्रहण
जड़ जमी गौरों की
बच्चे राजभाषा
बोलते नहीं, पढ़ते नहीं

लिख सकते नहीं।
नाम मात्र रह गयी राजभाषा
इतनी गहरी जमीं जड़
उखाड़ पाऊँ कैसे
सोच-सोच उधेड़ बुन में
मैं भी बूढ़ा हो चला हूँ
भारतीय सभ्यता और संस्कृति
कैसे लाऊँ पावन धरती पर
उबरे कैसे इस संकट से
ईश दो सुबुद्धि लोक मानस को
मानसिक गुलाबो के बन्धन को
काट पाए युवा अपने भले के लिए।

सरलता अभिशाप है
राजा राज-धन चाहता है
कुछ लोग चाहते कलह हैं
साधु पुरुष चाहते शान्ति हैं
मानव जीवन दुख की परिभाषा है
विश्वास समाप्त है रिश्तों में
निर्धन का दुखी होना स्वाभाविक है
कर्ज लिया लोग दुखी ज्यादा हैं
रोगी उससे भी ज्यादा हैं दुखी
बीत राग ही देव है सबसे बड़ा
बड़ा दान तो अभयदान ही है।

ॐ शिव

शिव है प्रथम पुरुष एवं आदि देव
वे प्रकृति हैं, सृष्टि के सृजनकर्ता हैं
सहायक हैं स्वयं है जगत गुरु
शिव ही हैं प्रकृति और महापुरुष
संगीत ध्वनियाँ एवं लय फूटते, शिव से

घटनाएँ घटती हैं, उपजती हैं, फूटती भी हैं
शिव ही सूक्ष्म है और है विराट भी
आकाश है, सारी घटनाएँ घटती हैं शिव से
चाहे हो सृजन, संहार हो अथवा हो विसर्जन
शिव ही राग है, विराग है, भक्ति है, प्रेम है
करुणा है, दया है, क्षमा है, और है अशेष
शिव हो जाना ही हो लक्ष्य मनुष्य का
प्राप्त करना शिवत्व लक्ष्य हो एवं अभीष्ट भी
शिव काल भी है और काल निरपेक्ष भी
वे रहते हैं विशुद्ध प्राकृतिक अवस्था में
स्वयं हैं प्रकृति एवं तत्त्व उपजते हैं उनसे ही
सर्प गले में द्योतक है काल का
हाथ में त्रिशूल प्रतीक है संहार का
डमरू है ध्वनि-लय, राग और विसर्जन
और नाद-निनाद का है साक्षात स्वरूप
ललाट पर चन्द्रमा है सौन्दर्य एवं शीतलता
तरंगें निकलती हैं भाव भावना एवं महाभाव की
वे केवल हैं देते कहलाते औघड़ दानी हैं
जानकर भी कमियाँ रावण को दिए वरदान
उसने अर्पित एवं समर्पित किया था स्वयं को।

हर क्षण जुड़ा प्राप्त किया शिवत्व
शिव प्रतीक है संस्कृति एवं क्रान्ति के
तभी तो शिव भोले हैं अपने लगते हैं
शिव संगति हैं एवं विसंगति भी
समाहित उनमें कोमलता और कठोरता
शिव विष है तो अमृत भी हैं
स्वयं पीते विष बाँटते अमृत जग को
शिव से शंकर शिवा, हर हर महादेव
बम-बम महादेव का रूप देखता है जग
पार्वती की तपस्या और एकनिष्ठ प्रेम
बाध्य कर दिया शिव को करने कृपा

अनुकरण करने लगी समस्त कुमारियाँ
मन इच्छित वर प्राप्ति की सँजो चाह
करती है आराधना गा-गा करती पूजा भी
योगियों में महायोगी देवों में महादेव
साधकों में साधक घिरे रहना भूत बैताल से
पूरे लोभ-मोह से दूर व्यामोह से, स्वयं से ही नहीं
पूरा कुनबा भी है एकात्मकता की परिधि में
शिव है भाव-प्रभाव और देव है अभाव के
मनुष्य जीवन-मृत्यु के नियन्ता हैं शिव
विश्व हित में रूप हैं उनके द्वादश ज्योतिर्लिंग
स्वयं छोड़ चिन्ता करो चिन्ता जगत की
जागेगा आत्मबोध एवं देखोगे आत्म को
जग में जन्मे इसी भाव से पावोगे देव शिव को।

विष्णु और शिव उपासित हैं एक दूजे के
अवषित एवं अधूरे हैं बिना एक-दूसरे के
रमम् समाहित भी है एक-दूसरे में
प्रवाह पितरम् समर्पण है हनुमान
उच्छवास वर भक्त हैं हनुमान
प्रीता हो हनुमान में समाहित धाराएँ दोनों की
हनुमान का आगमन स्मित हो होता वहाँ
सौभाग्य से जहाँ मिलते हैं शिव एवं शक्ति
स्नेह से रुद्रावतार कहते हनुमान को
हनुमान भक्ति की प्रक्रिया है,
अन्धकार को प्रिय है रंग लाल
प्रतीक है अनुराग का, क्रोध का
अग्नि का, युद्ध का, संघर्ष का, पुरुषार्थ का
मनुष्य का अन्तिम अनुरक्त उपहार है वैराग्य
सूर्य का रंग लाल जो आकल करता अँधेरे को
शुरुआत जीवन और प्रारम्भ कर्मना का
जीवन का प्रवाह, उच्छवास और प्रस्वास
सभी तो पूर्णतया ही आश्रित हैं सूर्य के

हनुमान प्रतीक है सूर्योदय के, निहित है शुक्रिया
जीवन और विसर्जन का समन्वय है हनुमान
दास भाव का जन्म होता 'मैं' सत्ता के लोप पर
होता उदय भक्ति का आत्म हो जाता विसर्जन
भीतर के कलुष को कर दूर हो निर्मल-प्रणय
नहीं पास कुछ भी उनके सब कुछ राम का
राम के लिए, राम के द्वारा, राम में ही आत्म
राम ही रक्षक हैं और हैं राम मर्यादा पुरुषोत्तम
राम सर्व कालिक हैं, शाश्वत सत्ता भी
समाप्त है द्वन्द्व शान्त भी है, वृत्तियाँ चित्त की
जहाँ समाहित हो जाता वही केन्द्र है हनुमान
मद, काम, क्रोध, लोभ, मोह, ईर्ष्या, सब ही
जलकर ज्ञान से बन राख शिव प्रिय हो गयी
नाम भस्म बना आत्मनिरमाया शिव ने
अवतरित हुए रुद्रावतार हनुमान मानवीय शरीर में
कृपा हनुमान की से तुलसी बना तुलसीदास
प्रत्यक्ष विग्रह है हनुमान हो गये एकाकार चरम भक्ति से
यही विज्ञमत मिलन है भगवान और भक्त का
चरम है, भक्ति का फल और अनन्त समर्पण
नदी का अम्म् समुद्र से मिला भुलाया निज को
राम कृपा ने रखा हनुमान को काल परिधि के बाहर
हनुमान मार्गदर्शक हैं राम की आराधना के
हनुमान ज्ञाता हैं, ज्ञेय भी हैं, और हैं गुरुभी
दिव्य चक्षु दे तुलसी को कृपा असीम की
दर्शन दिए स्वयं ने और कराए राम के
हनुमान अभिशेष हैं प्रथम चरण रामकथा के
हनुमान ही माध्यम है राम-धन पाने का
पूर्ति इच्छित इच्छा की, समाप्ति वासनाओं की
सिमटना अन्धकारी अज्ञान का जलवा दिया ज्ञान का।
सम्भव है अपराजेय हनुमान कृपा से
रावण की शक्ति अपराजे थी द्वन्द्व में राम
ज्ञात तो था शक्ति हनुमान की रावण से ऊपर

काल पराजित नहीं कर पाता शक्ति समर्पण एवं भक्ति को
सन्तों का मानना है शिव आराधना के तत्त्व
विष्णु आराधना के मूल ही हनुमान हैं
हनुमान सर्वकालिक हैं ज्याजिर्मयी चेतना है
हनुमान समर्पित है राम को समर्पण अमृत धारा है
अमृत स्त्रोत है निरन्तर होता प्रवाहित है
रुकना नहीं सदा प्रवाह मान हनुमान धारा।

सूर्य

सूर्य महास्रोत है और केन्द्र ऊर्जा का
प्रकृति का है संचालक एवं नियामक तत्त्व
रोग विनाशक है प्रकाश पुंज है
ज्ञान का स्रोत है, और है विद्या का संवाहक
सूर्य ऊर्जा का असीमित-विशाल भंडार है
सूर्य का सम्बन्ध जीवन और मृत्यु दोनों से
पूरी प्रकृति संचालित है सूर्य प्रकाश से
क्रियाएँ दुनिया की संचालित होती सूर्य प्रकाश से
आँखें मनुष्य की होती क्रियाशील सूर्य प्रकाश से
मनुष्य भीतर की चीजों को समझता है जानता भी है
देखता सृष्टि की दी अन्तर्दृष्टि ये दिव्य ज्योति पाकर
अन्धे दिव्य ज्योति पा जान पाते अगम-अगोचर को
देवों के प्रिय कमल को देखो खिलता सूर्य प्रथम किरण से
पंखुड़ी समेट लेता क्षीण होते ही सूर्य रश्मियाँ
देवों को प्रिय है कमल सम्बन्ध जो है प्रकाश से
अन्दर की अज्ञानता का करो अन्त समूल अन्त
बाहर के प्रकाश एवं अन्धकार का बोध है जन को
जीने की संस्कृति और संस्कार है हिन्दू धर्म
सूर्य है प्रकृति पर दुनिया मानती है देव
हिन्दू दैनिक जीवन का आरम्भ करते सूर्य पूजा से
लोगों की सक्रियता समापन निशानी है बेला गोधूलि
सूर्य से प्राप्त ऊर्जा का जीवन सूर्य संस्कृति है

हम अज्ञान को कहते अँधेरा एवं उजाले को प्रकाश
हम जीते हैं वन सहचर प्रकृति के पर्याय नहीं।
समान है स्वभाव प्रकृति और जीवन की 'स्वतन्त्रता'
अप्राकृतिक जीवन का नाम है दूर प्रकृति से
कैसे कहूँ समझ चेतना की यह है अद्य पतन प्रकृति का
शरीर, मन, प्राण, पर्यावरण, जल, आकाश
अग्नि और वायु इन सबके देव हैं सूर्य
भौतिक शरीर के प्राण संचालक हैं
ऊर्जा है, जल है, क्षिति है, पावक, गगन
और समीर के दाता हैं सूर्य, बिना उसके कुछ भी नहीं
लोग साँस लेते मूर्छा में तभी भी नहीं उन्हें मृत्युबोध
घेरे में है अज्ञान एवं अन्धकार की सत्यपरिधि नहीं,
भारत के पर्व छट-पूजा को देखो सीखो इससे
प्रकृति पूजा का चरमोत्कर्ष है हिन्दू संस्कारों में।

राम

राम की मानवता
मानव को प्रसाद है ईश का
लोक सत्ता के लिए त्याग सीता का
पराकाष्ठा है आत्मना श्रीराम का

ऊर्मिला का पूर्ण समर्पण
प्रतिमेय में विजय साधना
लक्ष्मण की भ्रातृ पूजा
जीव स्वतन्त्रता के लिए
अनन्त लक्ष्य सन्धि के लिए
युवावस्था की तपती आग
हँस सही ऊर्मिला ने बिना आह के।

कृष्ण

कृष्ण अवतार हैं पूर्ण सोलह कला के

सिद्ध हैं राम तो केवल बारह से थे युक्त
संसार कहता है वासुदेवः सर्वेम् कृष्ण को
योग निवृत्ति पढ़ता है प्रकृति उदय है भोग
कृष्ण शरीर को लेकर कर्म योगी पटाक ज्ञान योगी
कर्म जड़ है, करण सापेक्ष है और योग करण निरपेक्ष
संयोग ही सिखाता आवश्यकता कर्तव्य पालन की
सिखाया उन्होंने रहित होना कामना और ममता से
कर्तव्य पालन का दिया ज्ञान योग प्राप्ति के लिए
संयोग का वियोग साथी है पर नहीं वियोग योग का
गीता ज्ञान है भक्ति ज्ञान बताता सवार होना
नौका दो में रखे पाँव डगमगाते ही हैं
ज्ञान में द्वैत है और भक्ति में अद्वैत
ज्ञान में जड़-चेतन, असत-सत और प्रकृति पुरुष
प्रेम और भक्तियोग, कराते संयोग आत्मा और परमात्मा का
पर और ऊपर का ज्ञान और भक्ति है कर्मयोग में
हर कर्म भक्ति है और साधन है ईश प्राप्ति का
वे कहते हैं अभावों की पूर्ति वे करते ही हैं
वे व्याप्त हैं समभाव में उनका प्रिय-अप्रिय नहीं है कोई
आत्म निवेदन है भक्ति और स्थिर एकत्व में एकता
प्रेम, प्रेमी और प्रेमास्पद मानो तीनों एक ही हैं
प्रभाव, गुण और धर्म नहीं कृष्ण में माधुर्य भाव
गोपियों ने सिखाया प्रेम उच्च श्रेणी का भाव है
यही भक्त और भगवान का अभेद है आत्मा का विलय।
कृष्ण भगवान थे एवं शक्तिमान थे
संस्कारों परम्परा से उठ ऊपर
लाँघ सीमाओं को करते जन कन्याण थे
वे मधुर थे, मुस्कराते ही रहते थे
पर थे कठोर और निष्ठुर भीतर से
उनका अवतार हुआ ही था
अवांछित भार मिटाने पृथ्वी का
तभी तो उनका हर आचरण और व्यवहार
जगत की भाषा में कहलाता लीला है।

राधा

राधा तत्त्व ही भक्त है
वही है राधा और वही माधव है
राधा संकल्प है, अवधारण है
राधा रस है, ऊर्जा है, और है समर्पण
प्रेम का संजीव विग्रह विसर्जन का भाव झलकते हैं
श्रीकृष्ण कभी मोहित या मोहन बनकर
कभी राधा शरीर में त्वरित हो दोनों बनकर
हो जाते राधा-माधव एकतत्त्व में
कृष्ण हो जाते बादल और राधा वर्षा
अन्धकार हो जाते तो राधा हो जाती प्रकाश
दोनों हो जाते एक शरीर, एकमन, एक लय
एक बरन हो एक रस भी हो जाते
राधा लालित्य हैं उनका है रस तत्त्व
भेंट करते नहीं रहते हैं आगे-पीछे
नाचना ललित गति से मुस्काना देख-देख
निहारना प्रेम से, मुड़ते देख रूठना
कोई देश, परिवेश, क्षण और काल हो
वे कुछ भी मानती नहीं मानती केवल उनकी छाया
महारास में दोनों मिट जाते हो तल्लीन
प्रकृति और पुरुष राधा और माधव
मिलकर दोनों मात्र नृत्याकुल रह जाते
आनन्द विश्व के कण-कण में हो जाता व्याप्त
कृष्ण के नृत्य-स्थान आज भी लक्षित हैं
पहाड़, नदियाँ, वृक्ष और है चाँद भी
घुँघरू की झनकार, बाँसुरी की ध्वनि सुनते आज भी।

राधा मिटने का विसर्जन होने का है नाम
अद्वैत घर जाता है, अभेद्य सिद्ध हो जाता
पदार्थों से निर्माण होती क्षमता
और होती विध्वंस भी उतनी ही

छोटा तत्त्व है अणु क्षमता है बनाने एवं मिटाने की
प्रेम है अणु से भी सूक्ष्मतर नाम है भाव का
प्रेम दे सकता पूर्णत्व और जोड़ सकता राधा तत्त्व से
निर्माण और संहार का विधायक तत्त्व है प्रेम
प्रेम लय है, छन्द है, रिदम है और है संगीत
प्रेमसिद्ध होने पर सत्ता का काम भी हो जाता शेष
मनुष्य प्रेम में होने पर नहीं समझता प्रेम को
प्रेम सत्ता का अनुभव होता जब बाहर होते प्रेम से
समग्र होने, सम्पूर्ण होने का आधार है प्रेम
प्रेम ईश्वर है, शाश्वत है, सत्य है और राधा प्रेम है
राधा आज भी है और राधा कल भी रहेगी
कृष्ण-राधा का रास प्रकृति और पुरुष का नृत्य है
मनुष्य की पहली भाषा नृत्य है सिखा तितलियों से नृत्य
पक्षी जानते नृत्य पर भाषा नहीं, प्रकृति निमग्न है नृत्य में
दुनिया के कण-कण में केवल नृत्य और है रास
दोनों विपरीत तत्त्वों का मिलन ही तो होता है प्रेम
संघर्ष हो या मिलन अथवा हो सृजन है दो का मिलन
स्त्री और पुरुष आधे-अधूरे हैं पूरे होते निकटता से
राधा रस है, महारस है ऊर्जा है, प्रकृति भी
और है समर्पण तभी तो राधा-माधव हो जाती है।

रामनवमी

भारतवासी करते पूर्ण प्रकाश का
सुसज्जित चिर स्मरणीय दिन रामनवमी का
राम सदैव उपस्थित है
राम नित्य है, वर्तमान है, भविष्य भी
जन-जन के शुभ व मांगलिक
एवं मर्यादित हैं अविनाशी श्रीराम
वन यात्रा तो है कर्म यात्रा परम्
धर्म यात्रा भी है संघर्ष लोक सत्ता का
यात्रा भी है प्रवृत्ति से निवृत्ति की

सीता अपहरण अपमान एवं चुनौती है
धैर्य की, साहस और पराक्रम की
रावण राजा हैं विकसित धनाढ्य
देश का परदेश का अधिकृत राज्यों का
लालसा है जीतने की बचे विकसितों की
व्यस्त है प्रकृति को करने नियन्त्रित
हवा, पानी, आकाश और अग्नि ये
इच्छित फल पाने का बल भी है उसमें
काम एवं अहंकार चरम पर था ही
मृत्यु पर था अधिकृत शासन
निस्सन्देह आसीन था देह पर
ईश अनुकम्पा से हर अंग उस का व्रज
अपमानित व ध्वस्त थीं मर्यादाएँ भी
प्रतिरोध तो मानसिकता है लोगों की
लोक सत्ता विद्रोह के नायक बने राम
राम तो थे वन के वासी कुछ नहीं पास में।

टकराना था संग सत्ता से, अर्थ सत्ता से
पास ले हृदय लोक का एक चेतना कर्म की
अटूट आस्था और विश्वास लोक का
जनमानस, बनमानस और पशु के संग
युद्ध व संघर्ष हुआ शुरू राज सत्ता से
जब अविनासी युद्धरत हो तो विजय हो गयी
राम का व्यक्तित्व ही है सन्तुलन
चरम होना प्रकाश का और मर्यादा का
चरित्र का शाश्तव नहीं है, अनुभव का
अनुभव है जो होता रहता विकसित है
और समय करता रहता आलोकित हैं
नहीं होने का बोध जननी है संघर्ष की
जुड़ना होता अवश्यंभावी विराट से
रिक्तता को भरता है आकाश
विराट भी उतरेगा वहीं जहाँ रिक्तता

भरा जाता है खाली को भरे पेट को नहीं
रावण भरा था सम्पन्नता और अहंकार से
युद्ध होता आया है खाली और भरे में
खाली संग राम थे भरे तो रावण संग थे ही
रामनवमी पर्व भान कराता खालीपन का
स्वयं के विसर्जन का सर्वोपरि मानने राम को
राम सत्ता प्रकृति सत्ता है शाश्वत भी है
और सनातन भी पर डरेगा मृत्यु से
यही है दूर होना शक्ति से और धर्म से
राम पुरुषोत्तम तो हैं ही
प्रतिमूर्ति भी हैं मर्यादा की
पराकाष्ठा भी है त्याग की
स्थापना लोक-सत्ता के लिए
त्यागते राजसत्ता एवं भोग को
और परम प्रिय सीता को भी
प्रमाणित किया आदर्श को
लोक सत्ता उच्च है राज सत्ता से
राम सान्निध्य होता खाली को
सुग्रीव जो है निवार्सित
मुक्त तो थे हनुमान
अनाथ था अंगद
राम को प्यारे एवं आदर करते थे
दीन, हीन, असहाय व निराश्रित का
वे समन्वय करते स्थापित
राज धर्म, मित्र धर्म और लोक धर्म के बीच
सुखद स्मरण व सुखद प्रभाव जिन्दा है
हर दुखद घटना घटने पर
जो तैयार नहीं होने निर्वासिन
प्राप्त करेंगे कभी नहीं श्रीराम को
विभीषण निर्वासित था राज सत्ता से
राम भी थे निर्वासित राज सत्ता से
और सुग्रीव था किष्किन्धा से

तीनों ने मिल बनाया त्रिपुर
जनधर्म, कर्म और सत्य का।

राम भी बने शक्ति जुड़ लोगों से
राम का जीवन तो संघर्ष जीवन ही है
सर्वोपरि त्यागी है त्याग जीवन का
भोग त्याग स्थापना की धर्म के लिए
राम हर दिशा में दिखते हैं
जो देखता नहीं राम को
और जिसे देखते नहीं राम
वह जीव होकर भी है पशु
भारतीय समाज के पोषित
हर संस्कार राममय ही हैं
जीव मात्र को दी हुई हर सीख
आत्मीय है कम पर लागू होती है
जब पथिक भूल जाता राह
राम की तर्जनी राह दिखाती है
राम सत्य है चिर कालिक भी
अवतरित हुए थे मनुष्य रूप में
दिखते भी थे लोक मानव रूप में
सिंहासन भूख कभी छूई नहीं
राम सत्य से गुणवान बनाते लोक को
तभी तो लोक चलते हैं तारों मार्ग पर
राम का अयोध्या त्याग है सम्बन्धों के लिए
यो यो कहूँ सम्बन्धों की मर्यादा के लिए
राम का लोक कल्याण है अवर्णीय
और वे मुक्त करते जोड़ कर
सीमा मर्यादा से बँधे होने पर भी।

कोमल दिखते पर थे तो कठोर भी
वे साक्षात करुणा है, दया और क्षमा है
मर्यादा है, सेवा भाव है सम्बन्धों के हैं विग्रह

वे पक्षी जटायु को ले गोद सहलाते हैं
पराकाष्ठा किया शोक रावण मृत्यु पर
राम रावण संग्राम था अत्याचारी सत्ता से
राम नाम कत्व ने चूर किया दर्प रावण के को
प्रकृति का प्रतिकार नहीं करना स्वीकार प्रवाह को
बन कर पुंज साथ दिया नायकत्व का
राम शिवभक्त थे विदित रावण भी था
दोनों ने पाई थी शक्ति उद्देश्य थे भिन्न-भिन्न
आराधना राम ने की परमार्थ के लिए
पर रावण ने की थी स्वकेन्द्रित निज के लिए
राम स्वयं है प्रकृति रावण आचरण प्रकृति विरोधी
एवं भोग, दम्भ, दमन, अन्याय और व्यभिचार
भ्रम अमरत्व का वृत्तियों से घिरा
स्वयं के लिए जीने वाले ही रावण हैं आज
प्रासंगिक हैं समाज में गिने चुने लोग
राम-रावण और अनाचार के बीच
न्याय और अन्याय के बीच, धर्म और अधर्म के बीच
नीति और अनीति के बीच, पुण्य और पाप के बीच
लोक रक्षण और लोक पीड़न के बीच
और है समष्टि और व्यष्टि का संघर्ष

राम विजय थी लोक की कहलाए युग पुरुष
राम आकाश है जो लक्ष्य विहीन है असीम भी
राम महा मानव थे और हैं भगवान
जग पालक हैं रक्षक हैं यही उनका विधान।

कर्ण

कर्ण का प्रश्न कृष्ण से
अवैध जन्म अपराध कुन्ती का
और भुगतूँ मैं कैसा अन्याय तुम्हारा
मुझे नहीं पहचान क्षत्रिय

द्रोण का ना करना शिक्षा देने
कहूँ दोष तुम्हारा मैं
अपराध तो नहीं है मेरा
द्रोण का चक्षु दोष
आत्मज्ञान से मिटा पाते तुम
द्रोपदी स्वयं में
कुलीन की संज्ञा का नहीं होना
बदल देते यदि रंग खून का
महाभारत संग्राम होता नहीं
जन्म के पहले इन्तजार मृत्यु का
लिखा था कंस ने मेरे भाग्य में
मेरी प्रथम लीला पृथ्वी पर
वात्सल्य से दूर माता-पिता के
कंस मन भयभीत रहता
सुन-दुख मेरे हर काम को
सुन कृष्ण मुस्कराए
बोले कर्ण की नादानी पर।

उत्पीड़ित महिलाओं को देना आश्रय
कारण सामाजिक-राजनैतिक कथा
तुम नापो-तोलो दुख मेरे
अपनों से निश्चय पावोगे घने
चुनौती रहित जीवन नहीं है
किसी भी पशु, पक्षी, वृक्ष और जीव का
सत्य और झूठ का निर्धारण
समय और चाहत की मनुष्य-सोच है
अन्याय, अपमान, हनन अधिकारी का
मन की प्रक्रिया है आत्मा है दूर इससे
कर्म ज्ञान की अपेक्षा नहीं करना
बचाता पाप कर्म करने, सत्य पथ चलने
भेद नहीं है खून के रंग में पर है शक्लों में
आत्मा है पाप रहित पर मन है भंडार

इस अधेड़बुन से निकाल अपने को
विधाता का विधान न पलट कर्म किया मैंने भी।

समाप्ति या ह्रास संस्कारों में
अपराधों को रखते भयमुक्त
मन में भय केवल संस्कारों का
समाप्त कर पाएगा अपराधों को
संयुक्त समाज एवं देवों का भय
कभी करने नहीं देता था अपराध
नयी पाश्चात्य संस्कृति में तो
विधान ही नहीं है संस्कारों का।

लोग कहते पैसा मूल कारण है बुराई का
यह सच नहीं है, कारण है प्यार पैसों का

मैंने सही सीखा गिनना
जिन्दा रहा सहारे उम्मीदों के
गिराने जो आए मित्र मुझे
दुख है वे ही गिर गये उठे तक नहीं
मैंने रिश्ते नातों में नहीं रखा हिसाब
नफे-नुकसान का गणित भी भूल गया
लोग लाते-रिश्तों का विस्तार करते हैं
पर वे सीमित रहते स्वार्थसिद्धि तक।

देश में आए बाहर से लोग
अधिकृत नहीं वे रहने देश में
अगर दिया रहने उन्हें देश में
तुम जावोगे बन शरणार्थी अन्य देश में।

हित चाहने वाले भगवान के दूत होते हैं
पराए भी होते अपने हैं और अपने भी पराए
रोग हानि पहुँचाता है शरीर में पैदा होकर

जंगल में पैदा हुई औषधि ही करती ठीक उसे।
नदारद हो गया शब्द जबान से
क्षमा नाम जिसका
अगर लोग सीख लें अपना ले इसे
स्वत: निदान हो जाए कष्टों का।

शीतल तल एवं सुगन्धित फूल भी अवांछित रोगी के लिए
ईश ने मानव शरीर भी नहीं रचा अर्हित बिना
बैद्य की औषधी अयम होती रोज के उपचार में
अपनों-परायों का ईर्ष्या रहित प्रकाशन भूलों का
तपने पश्चात स्वर्ग की शुद्धताप समान हो पूजित।

लोगों की भौतिक मनोवृत्ति वांछित आज
सर्दियों में सूर्य का रहना अत्यधिक इन्तजार
उसी सूर्य का गर्मियों में करते अतीव तिरस्कार
आज की जरूरत ही आँकती कीमत क्रय-विक्रय की।

सुखमय-आनन्दमय जीवन में खिन्नता कैसी
भाग्य को सराहो कर्म ज्ञानी हो तब दुख कैसा
शत शत लोगों को देखा दुखों के अगार में
मैंने तो सीख लिया उनसे समस्या से जूझना।

प्रियतम को दिखाने अत्यधिक सुन्दर
दर्पण में मुख देख वह विनष्ट करती दात्र
झय्याति नहीं देख दाग तोड़ती भी नहीं दर्पण
क्रोध से होना मोह ग्रस्त पराजय ही है।

दाम्पत्य जीवन में खुशी है
पति को ठीक समझने की
पर स्त्री तो चाहती केवल प्यार
उसे समझना तो असम्भव नहीं।

पाश्चात्य आज की संस्कृति ने
सिखाया भूलना स्वत: सन
नयी पीढ़ी ने किया विनष्ट इसे
संवत्सर को छिपा दिया घने कुहासे में
पर यह कैसा विचित्र नव वर्ष
जिसमें विवश हो लोग सोते बिस्तरों में
सूरज भी आँख मिचौनी करता इसमें
पृथ्वी के बागानों में दृष्टिचर नहीं फूल
पर्वत भी थके रहते बर्फ की चादरों से
प्रकृति को भी भाता केवल फागुन मास
अत्यधिक विह्वल हो प्रेम में सजनी को साजन
प्रकृति भी पूजा करती नव वर्ष हमारे को
कुपित ही रहती प्रकृति ईस्वी के नव वर्ष पर
चैत्र प्रतिपदा के आने पर चेहरे खिलते लोगों के
हर बगान व जंगल भर जाते सुगन्धों से
युवाओं को मदमस्त वयार मदमस्त कर देती
यह है कर्मना नव वर्ष असीम अनुरागी
चितवन भीषण कौशय विस्तृत सुख वाला।

आनन्द होकर जीव खोजता है
जानता है वह केवल है आभारी
अनमन सबके पर है दुख
स्वयं पर विश्वास लाता सफलता
और खोजता मन अपने को करने प्राप्त
मन से उत्तर मिल अपना है केवल...

तुलसी ससुराल गये गहन रात में
स्त्री से पाया अपमान संन्यासी हो गये
सोच बदली, स्त्री कुबुद्धि, कुमन्त्रणा, वासना
पाप, अधोगति, ईश्वर विमुखता, वास्तविकता
एव एक ही तथ्य में विभिन्न रूप मायाजनित है
और हम विभिन्न देते उन्हें भ्रम वश

मनुष्य जीवन में शरीर को सहारा जरूरी है
पर जब स्त्री सहारा त्याग दिया तो केवल बचे ईश्वर
ब्रह्मांड के विस्तार का दीर्घ तम व्यास
लोगों को आने देता नहीं पास खोजते रहे सहारा
मानव शरीर स्वीकारता शक्ति मस्तिष्क की
ग्रहण करने बाध्य भी होता कठोर सत्य को
फिर जीवन के बदलाव ने बनाया रामभक्त
राम कृपा ऐसी हुई हर लोग पूजता रोज उसे।

तभी तो भोजन को जीने की औषधी न मान
जीते हैं विभिन्न स्वादिष्ट विचित्र खाने के लिए
अपनों की चाह के वक्त तुम रहते व्यस्त
होते अन्यन्त दुखी व्यस्त पाकर जरूरत पर।

पूछा परिन्दे से क्यों मँडरा रहे हो दीपक पर
गिरने पर मिट जाएगा अस्तित्व
लोग अकड़ते हैं पा थोड़ी सी ऊँचाई
तुम तो जानते केवल हो समर्पण
और लोग दौड़ते पाने रोटी और पचाने उसे।
भगवान की बनाई सुन्दरता में
सर्वाधिक शीर और अनुरक्त है चाँद में
भगवान की अत्यधिक शक्ति तो
सूर्य में असीम समाहित हो प्रगट है
जब दर्पण में देखते प्रतिबिम्ब स्वयं का
एवं कृति को जो है सर्वश्रेष्ठ देह मनुष्य की
लोग संसार में केवल है कार्मिक यात्री
यात्रा निर्धारित होती 'आशाद से' विधान से
तुम हो सर्वश्रेष्ठ रचना और हो बुद्धिमान
सब जाना करो कर्म बनो सत्यवादी
पावोगे ईश को बिना वैद्ध का जीवन
जब बीज लगाते हो उपवन में
अंकुरित होते फूल गर्भ वैसे ही

जरूरत से ज्यादा का होना
मन-थर में बसाना है जहरीला साँप
और चाहे वह हो शक्ति, धन, भूख, घृणा, डर
अहंकार, चाह, आलस्य और प्यार।
लोगों को देख उन्नत पथ पर लो प्रेरणा
क्रोध तो हमारी हार मानने की प्रक्रिया है।
घृणा करना निज लालसा है क्षयम।
बिना शर्त स्वीकारना ही ऐश्वर्यवान प्रेम है
असफलता स्थायी प्रयोजन होती नहीं
चाह को बदलना युक्ति से सफल होना ही है
लोग भूल गये हैं अन्तर इनसान और इनसानियत में।

स्त्री प्रेम शक्ति सबसे बड़ी होती है
आकृष्टि जनमाती प्रणय प्रेरणा भी
विमुख उत्साहित करनी करने कर्म
स्त्री अलत्र स्पष्ट हो कहती कड़वे शब्द
समृद्ध होने प्रेरणा अचूक होते हैं शब्द
आज स्त्री है वेसब्र इन्तजार दो पल का नहीं
नियन्त्रित होने की स्थिति त्याग कर देती पति त्याग
नहीं भूख उसे पति प्रेम की लालच समृद्धि का
झूठी यह पाश्चात्य देन पूजित समाज नष्ट हो गया
उपस्थिति दाह-क्रिया में जागृत करती सत्यभावना
विडम्बना है लौट आने पर आकुल होता मृत्यु भय।

पाश्चात्य जीवन ने
चिन्तनीय स्थिति बना दी है परिवारों की
आज बच्चे केवल सुनाते हैं
वे तैयार नहीं एक क्षण भी सुनने
माना सही हो तुम
शान्ति रखने सुनना जुर्म होता नहीं
अपनों से हारना ही जीत है आपकी
आज लोगों की चाह पाना अधिक अधिकार

जमाना था जब चाह पाने की कर्तव्य ही थी
सुगन्धि फैलती नहीं आपकी खुशी पर
फैलती तो तब है जब होते लोग खुश आपसे।

अर्क हो उलाहना देना
प्रदर्शन है मिथ्या अहंकार का
अर्क की सुगन्ध से विश्रम होकर
आत्मन, चित्रम विमोहित हो सट जाते हैं
अर्क की कड़वाहट पीते-पीते
आदमी तो मद में हो जाता बूढ़ा
दिन-रात सुन प्रयोजन भरी बातें
स्वच्छ मन भी हो जाता असहिष्णु
देख-सुन पतन समाज का
आँखें मूँद बैठना उचित तो नहीं
जो अर्क बनता था केशर-कस्तूरी से
वही आज सड़े गुड़ से बन जन प्यारा है
समाज की औरतों को सुनते हैं कहते
पीओ, कभी तो पीना शुरू करना ही है
फिर बैठेंगे साथ होगी बातें गम-दर्द की
और सीखा जावोगी रखना बाँध पति को।

साँस लेते हो छोड़ भी देते हो
मनु में विभिन्न विचार आते जाते हैं
मुँह में बन शब्द निकल जाते हैं
विचार बनते और मिटते हैं
बीमारी आती है चली भी जाती है
दुख-सुख भी आते जाते हैं
गर्मी-सर्दी भी आती जाती है
आदमी आता है चला भी जाता है।

लक्ष्मण के मन में भरी द्वन्द्व
कैसे मिले सुना ये अपना निर्णय

राम संग जाने का वनवास
असमंजस बढ़ गया कहीं 'ना' नहीं कह दे
लक्ष्मण स्वयं धर्म है पर द्वन्द्व में धर्म
बिना बताए जाए कैसे रोने पर छोड़े कैसे
ज्ञात होने पर उर्मिला ने सजाया थाल आरती का
लक्ष्मण स्वयं काल थे पर साहस नहीं आँख मिलाने का
उर्मिला हँस बोली जा बनवास संग ईश के
लक्ष्मण के होने पर मूर्छित बोली हनुमान से
जब वे लेटे हैं गोद में ईश के तो मर सकते नहीं
नींद आई देने वरदान भेजा उसे पास उर्मिला के
उर्मिला ने माँगा वरदान याद न आऊँ वनवास में
वरना विघ्न पड़ जाएगी ईश की सेवा में।

ईश्वर की अद्‌भुत रचना है स्त्री और पुरुष
दोनों ही रह सकते नहीं बिना एक-दूसरे के
स्त्री के अनेक आकृष्ट रूप पुटित हैं
विद्या, लक्ष्मी, शान्ति, ऊषा एवं सन्ध्या
अन्नपूर्णा, निशा, निन्दिया, स्वप्ना और रूपा
श्रेष्ठ मन्त्र गायत्री भगवान श्रीकृष्ण द्वारा गीता
वन्दना, पूजा, आरती, श्रद्धा अनेक रूप नारी के
अन्धेरे में ज्योति, प्रेमा, और स्नेहा
युद्ध में जया, करुणा, ममता और क्षमा
भावना, इन्द्रियाँ, नदियाँ, नाली और वर्णा
ये सब हैं नारी रूप और सम्मान पात्र पुरुष

मनुष्य की चाह अथाह होती है
किसी का भी यह प्रयास पूर्ण हुआ नहीं
आंशिक प्राप्ति को भी पाता नहीं सँभाल
समझौता करना जीने का है ज्ञान
झुकता वही है जिसमें है जान
मृत शरीर की पहचान है अकड़
कर्म करो प्राप्त करने के लिए

आनन्दित राहे प्राप्त किए से
मानव जीवन है नाम संघर्ष का
कभी हँसाता है और कभी रुलाता है
प्रत्येक परिस्थिति में रहो खुश
सिर झुका अनुकूल होगी हर स्थिति
लोग दुखी होते सोच भविष्य को
गाते मरता है हंस और रोता मोर नाच कर
लक्ष्य से हार को रखो दूर जीत का विकल्प नहीं
जीवन में साथ एवं साँस का स्थायित्व होता नहीं
साथ का टूटना कष्टदायक है मारता पल पल है
जीना सुखमय नहीं संघर्ष से ही बनता महान है
पत्थर भी हथौड़े-छीनी की चोट से बनते मूरत हैं
लोग को क्रोध एवं चिन्ता थका देती क्षण भर में
कुछ नहीं बना पावोगे अपने लिए
समुद्र पीता नहीं पानी स्वयं
फूल सुगन्ध बिखेरता आरों के लिए।

असफलता घमंड चूर करती है
तब कोई भी देता नहीं सहारा
शव यात्रा में भी कन्धा बदलते लोग
ईश के को दिए आँख, कान, नाक एवं मुँह
का करो सदुपयोग बच जाओगे ठोकर खाने से
करो भरोसा अपने सपनों पर और कर्मों पर।

द्रौपदी को घसीट लाया सभा में
छोड़ा निर्वस्त्र करने
शील बचा तो नहीं नारी का
आपको आपाद-बाँधव कहना
प्रश्नचिह्न है मेरी सोच में
उद्धव की देख उत्कंठा
भावेन हो श्रीकृष्ण गोले
विवेकवान जीतता है नियम है मेरा

विवेशहीन धर्म राज था पराजित भी हुआ
दुर्योधन का करना उपयोग शकुनि को
चचेरे भाई का उपयोग न करना धर्म राज का
सोचो अगर खेलते जूवा शकुनि और मैं
शकुनि की हार सुनिश्चित थी
उन सबकी विवेश-शून्यता की पराकाष्ठा देखो
प्रार्थना कर मुझे मना किया सभा में आने को
खेल ने खेल दुर्भाग्य का छिपाकर मुझसे
भूल गये मुझे रहे कोसते दुर्योधन को।

द्रोपदी जूझती रही अनुसार सार्थ के
अभय कृष्णा की गुहार पर
मुझे अबसर मिला करने शील रक्षा
और मैं अविलम्ब पहुँच गया गलती कहा?
आपका कथन, कष्ट मिटाएँगे केवल गुहार करने पर
भाई यह कैसी भक्त के प्रति प्रीत हुई?
उद्धप जीवन संचालित होता कर्मफल से
मैं चलाता भी नहीं एवं हस्तक्षेप करता नहीं
मैं रहता केवल साक्षी यही ईश्वर धर्म है
उद्धव बोले आप दुष्कर्मों का निरीक्षण ही करोगे?
हम पाप की गठरी बाँधते रहे और रहे फल भुगतते
ईश ने कहा जब जान जावोगे मैं देख रहा हूँ
निश्चित जानो तुम बुरा कर पावोगे नहीं
मनुष्य सोच पाप कर्म कर रहा छिपकर मुझसे
और भोगता अथाह दुख यही भूल है उसकी।

स्वर्ग विचरण के वक्त
कृष्ण का सामना हुआ राधा से
विचलित हुए सकपकाए भी
पूछा राधा से प्रसन्नचित्त दिखती हो
राधा मुस्कराई बोली द्वारका धीश से कछू अपनी
सुन ईश घायल हो गये भीतर तक

बोल बैठे सुनो कुछ कहना है
याद तुम्हारी मेरे आँसुओं से थी
राधा बोली मुझे न याद आए न बहे आँसू
क्योंकि मैं भूली ही नहीं थी जो तुम याद आते
तुम सदा रहते विराजते इन आँखों में थे
कहीं तुम निकल न जाओ संग आँसुओं के
यही कारण था कभी रोती भी नहीं थी
एक अँगुली पर चलाते रहते सुदर्शन चक्र
और भूल गये चलाना दस अँगुलियों पर बाँसुरी
कान्हा जब थे प्रेमी उठाया था गोवर्धन
बचाया था इन्द्रकोप से लोगों को
और जाते घर सुदामा के वह आता नहीं
युद्ध में ते लोग मिटा कर जीतते हैं
और प्रेम में स्वयं मिट कर जीतते लोग हैं
आप तो सोलह कलाओं के स्वामी हो
स्वप्न दृष्टा एवं दाता गीता के हो
आपकी सेना तो थी निरीह प्रजा आपकी
फिर क्यों सौंपा उन्हें दुष्ट दुर्योधन को।

प्रजा पालक तो राजा ही होता है
रक्षक भी होता पर किया अन्याय आपने
अर्जुन मार रहा था वाणों से प्रजा को
बैठा उस रथ में जो चालित था आपसे
आप प्रेम से शून्य थे तभी जगी नहीं करुणा
दुनिया के लोग दयालु-प्रेमी क़ान्हा को भजते हैं
तभी हर घर मन्दिर में आप दिखते साथ खड़े मेरे ही
गीता के पूर्ण ग्रन्थ में मेरा नाम भी नहीं
पर सुन उपदेश कहते राधे-राधे ही हैं।

❑❑❑

श्रेष्ठ भारतीय साहित्य

णाणं

पयासयं

भारतीय ज्ञानपीठ

भारतीय ज्ञानपीठ